最福清乡土文化丛书

阳下 卷

福清市文化体育和旅游局 编著

海峡出版发行集团　海峡文艺出版社

《最福清乡土文化丛书》编委会

顾　问：叶仁佑　吴永忠
总策划：林　彤　郑　云
主　编：杨锦嵩
副主编：林绍龙　陈宝荣　苏　勤
编　委：王贻术　庄志陈　静　陈冠宏　何　航　李述豪　陈凌峰
　　　　孙江江　王童童　严　瑞　陈孝频　游　密　陈小辉　王晨楠
　　　　陈可乂　李晓凌　俞守清　黄　芸　郑光辉　游　城　何美宋
　　　　曾　凤　何　偭　吴思义

《最福清乡土文化丛书·阳下卷》编委会

主　任：李木春　陈凌峰
副主任：黄秦征
编　委：郑跃坚　谢焰辉　俞海虹　钟　鹰　陈希龙　魏名庆
　　　　陈盼兰　林　翔　余长泓　陈金辉　陈仁杰　马　勇
摄　影：钟　鹰　林　翔　林　鑫

序

  乡愁是一棵没有年轮的树，永不老去。不论你羁旅异国，还是漂泊他乡，物事的嬗变相伴自然，以微小的容量、朴素而黏稠的乡愁记忆，总魂牵梦绕在你我心池里最柔软的地方，山重水复间奔腾生生不息的源流，呈现出旷世持久的精神力量。

  福清，简称"融"，旧以"山自永福里，水自清源里"中"永福""清源"各取一字得名，并沿用至今。

  福清地处福建东南沿海、福州南翼，陆地面积1519平方公里，海域面积911平方公里，枕山面海、拥江揽湖，营造了一方令人称羡的乡土地理。

  福清是古代海上丝绸之路的重镇，中原文化、闽越文化和海洋文化在这里交汇融合，积淀升腾成了风姿绰约的福清乡土文化。于是，"海滨邹鲁、文献名邦"破茧成蝶，"三福之地、中华梦乡"生羽孕力，"融和向阳、搏拼天下"旗语烈焰。千百年来，一代又一代玉融儿女深耕厚植、传承弘扬，并以此助推福清不同历史时期经济社会的振兴发展，更突显震烁古今的裂变，视野里渐次拓开其深沉内蕴的画面：全国文明城市、全国双拥模范城、全国首批创新型县市，进入全国县域经济百强县第13位、全国综合实力百强县第17位……朵朵傲世之花绽然开放，让这座城市更有气度、更有温度。

习近平总书记指出，乡村振兴既要塑形也要铸魂。不忘本来，方能开辟未来。在实施乡村振兴战略的过程中，市委、市政府组织编印"最福清"乡土文化丛书，不仅是为了延续乡村文脉留住乡村美丽乡愁，更多的是保护和传承好乡村文化资源禀赋，进而不断增强福清的文化软实力和综合竞争力。

令人感动和敬佩的是"最福清"乡土文化丛书的众多编撰者，面对包罗万象、灿若星河的乡土文化，他们走出方寸天地，深入镇街村居，只为获取真实的第一手材料，倾情书写缀满泥土芬芳的福清故事，把人民群众的真善美展现出来。这无疑是一项十分有意义的实践载体，也是文化工作者义不容辞的担当和坚守的象征。这套丛书以社会主义核心价值观为引领，突出多样性、真实性、代表性和珍贵性，既有恢宏磅礴的老街古厝，又有匠心独运的传统工艺；既有乡土气息的节庆活动，又有绚烂多彩的民间艺术；既有耕读传家、父慈子孝的祖传家训，又有邻里守望、诚信重礼的乡风民俗；既蕴含志向高远、自强不息的浩然正气，也体现修身齐家治国平天下的家国情怀等等。丛书以史带人，以人言事，客观反映了福清源远流长的历史文化和波澜壮阔的发展历程，让这些精彩的故事化表达和承载乡愁记忆的文化赋能，在往事的回旋里打捞弥足珍贵的理想之光，守护历史的"脉"，留住文化的"魂"。

我们的乡土是古人的，更是今人的，都是"福"文化老树生出的灵芝，思接天地人，雕琢出传世的温润精粹的色泽。一切遇见皆是风景，让时代的水流折射出来的沛然文化，自在的万象和绵厚的回甘，如同小满时节的晨光，充盈着元气，就这么生机盎然地上演着。

奋楫逐浪千帆进，丝路笃行海天阔。未来已来的故事指向，山海同韵共振带来的乘数效应，正如同一幅幅灵动鲜活的水彩画、一首首韵味深长的叙事诗、一曲曲铿锵激昂的交响乐，落笔、晕染、提炼、升华。在这个过程中，希望丛书的出版，能够有助于我们从中汲取更多的精神食粮，获得更多的思想启迪，进一步守正创新、履践致远，为全力打造现代化国际化海滨山水城市提供强大的文化支撑和精神动力，为讲好福清故事、传播福清声音、谱写福清文化入心出彩新篇章作出应有的贡献。

陽
下

玉屏山俯瞰阳下大景

洪宽工业村的繁华街景

目录

第一章 关于阳下 __1
  第一节 开篇的话 __2
  第二节 阳下的土地 __4

第二章 发展沃土 __5
  第一节 缘起之路 __6
    爱国侨领林文镜：矢志为家乡发展"造血" __6
    全国首个侨办工业村：乘风启碇·勇立潮头 __16
    "以侨引侨、以侨引台"：侨资台资纷至沓来 __21
  第二节 蝶变之路 __24
    奋安铝业：全国铝型材龙头企业 __24
    绿星（福州）居室用品："家文化"树起园区标杆 __28
    洪宽创新科技园：二次创业·再攀高峰 __30
    国家级福清台湾农民创业园：厚植沃土·结出金果 __33
  第三节 奋起之路 __37
    以奋进姿态，开启融入国家级经开区新篇章 __37

第三章 生活乐土　43

第一节 "yang xia"：一个古老的洋气名字　44

第二节 林文镜故居：华侨离家的背影　47

第三节 城乡融合发展　49

漈头村：铸就福清革命史的丰碑　49

梨庄村·北山村："造福工程"敲开幸福大门　52

洪春松涛园：福建省第一座农民公园　55

第四节 古民居：一砖一瓦皆有故事　57

作坊村陈氏祖厝：福清第一厝，一根横梁价值13亿元　57

作坊村陈氏古民居：一座古厝建了30多年　63

北亭村陈氏古民居：灶台、缝纫机与八步床的秘密　67

北西亭村陈氏宗祠：富家千金勇敢追爱　70

第五节 阳下街道乡贤馆：装满游子的回忆　73

第六节 文化雨露滋养百姓生活　76

第七节 民生事业发展，筑就生活乐土　80

第八节 从作坊古街到福腾路金街，繁华一脉相承　82

第九节 一颗红心，薪火相传　85

第四章 生态净土 __87

第一节 "三大工程"擦亮国家级生态街道名片 __88

第二节 玉屏山麓：群山拥翠筑牢生态屏障 __92

第三节 清溪碧连天，古道醉游人 __94

  大北溪：野生溪流"变形记" __94

  虎溪：穿越千年的"治水"接力 __97

  状元古驿道：岁月的风穿林而过 __99

第四节 乡村变形记 __102

  党建引领"点靓"美丽乡村 __102

  从穷山村到"绿富美"的逆袭之路 __103

  小积分"撬动"乡村环境大提升 __106

第五节 城市生态与文脉传承并向而行 __109

第五章 红色热土 __115

第一节 古厝里的红色故事 __116

  陈氏支祠：书写党史"年历" __116

  陈氏祠堂：承载革命"星火" __119

第二节　西亭剧团：望向舞台之外 __ 121

第三节　三场战役：向着胜利勇敢前进 __ 125

第四节　隐秘而伟大的传奇人生 __ 126

 陈炳奎：永远无法兑现的结婚承诺 __ 126

 余长钺：留一帧举世无双订婚照 __ 133

 郑笑妹：在"刀尖"上行走的革命战士 __ 145

 陈草兰：东溆寺末位僧人的红色传奇 __ 153

 刘天仇：黄埔军校高材生的家国情怀 __ 155

 马飞海：党龄70余年的老同志 __ 157

 余长资：三度辞官的正义坚守 __ 161

第一章 关于阳下

有人烟，便有城市；有家园，便有故事。

溯源而上，阳下以其巨大的凝聚力和辐射力，从封闭走向开放，从贫穷落后走向繁荣富强，阳下人以令人敬佩的勇气和创新精神彻底改变了一个街衢的内涵和外延，展示出区域经济社会发展磅礴恢宏的气势和光华四射的魅力，燃亮四面八方惊羡的目光。哪怕只是单纯的一种风情、一片残垣、一个传说、一件老物件、一处景观、一道美食……这些鲜灵活泼的记忆乡愁，就是开启时空和地理的人文密码，活跃在"花开福清"的季节。

情怀存心中，天地皆我色。从"心"启航，奋楫前行，向阳拔节提速，向阳韶华不负，迎着浩瀚和蔚蓝，我们看见，今日之阳下，依然积蓄着奔腾的梦想和澎湃的力量，有更新更美的文字和图画，正纷飞在春天的卷首上。

未来，彰显万千气象；我们，朝沐世界烟霞！

第一节 开篇的话

进入历史的纵深,探寻者会发现,若干关键的时间节点,常属偶然。然而,有时也会带有某种必然。

阳下,在福清北部腹地,这块土地原来似乎并不引人注目,但在很长一段历史时期,福清南部的商旅想到省城谋求一桩大买卖,或者闽南的兴化、泉州、漳州三府士子想到省城求学或进京赶考,追逐梦寐以求的光宗耀祖的人生理想,都必须从家乡一路北上。

他们发现,沿途十分顺畅,并无高山大川的险阻。一拨行旅风尘仆仆,来到福清水南。他们整整衣冠,跨过福清龙首桥,沿利桥街进入福清城关,稍事停留,继续往北,沿古驿道进入阳下。

来到阳下最北端的作坊村,只见这里商铺栉比,酒肆林立,车水马龙,人气旺盛,是一个繁华的所在。

在这里,有人告诉他们,前方不再是一马平川,虽然不像常思岭般山高水险,森林茂密,时有猛兽出没,山路却也险峻崎岖,难以逾越,且也偶有虎豹暗中窥伺,强人埋伏剪径。往福州的行人,都会在这里过夜,在这里洗掉疲惫,养精蓄锐,第二天一大早吃饱喝足,结伙出发,一鼓作气翻越福清、长乐交界的大山梁——石湖岭。翻过石湖岭,山下田畴如砥。北上者很快到达坑田渡口,上了开往福州的渡船,一路人烟稠密,市井繁华,再无荒僻之处。

入乡随俗,那些北上的旅人,纷纷在作坊村安顿下来,休憩一两天,然后结伴攀登石湖岭。久而久之,过往谋生的商旅,闯荡江湖的骚客,寻求功名的士子,往往成为外地、外省、外国各种信息的传播者。这种传播,不仅让作坊人,还让阳下十里八乡的老百姓眼界慢慢开阔,为人的格局也不一般。

1928年,陈振芳(即程序)慕名从海口来到阳下小学读书,与阳下籍学生余长钺成为同窗,他们受进步教师夏昌福引导,萌发了反帝反封建思想;1934年,何文成来到阳下,中共第一个福清县委在阳下诞生,阳下籍进步青年陈炳奎、余长钺成为县委委员;1936年,林文镜下南洋,迈出一代华侨巨子的第一步。这三个时间节点，决定了余长钺、陈炳奎、林文镜的人生走向。

在恢弘壮阔的福清历史大舞台上，他们永远是主角，是石破天惊一般的存在。

中共福清第一届县委委员陈炳奎、余长钺在福清革命史上是浓墨重彩的一页。而林文镜，在福清华侨史和当代江阴港发展史上，也是值得大书特书的篇章。

他们或为革命献身，或在新中国成立后为祖国和家乡的经济社会发展作出卓越贡献，与阳下人身处古驿道，得风气之先，敢于在时代风潮中奋勇搏击，显然有千丝万缕的关系。

当年叶向高走过的驿道，上世纪初迎来陈振芳、何文成、陈炳奎、陈金来、余长钺、何胥陶、池亦妹仔以及后来的华商巨子林文镜。在福清革命史上、福清华侨史、福清革命老区发展史上，他们的名字、他们的业绩被一再提起，一再强调，一再褒扬。

今天，我们从阳下古驿道的深处回望，阳下街道的发展与辉煌，与这长长的一串名字息息相关，让人感慨万千、热泪盈眶。

历史的血痕，历史的印迹，从来不会消失。阳下街道的干部群众捧起阳下沉甸甸的历史，他们的心中就澎湃着踔厉奋发、砥砺前行的决绝勇武，磅礴着睿智机敏和纵横捭阖的游刃有余。这种底气和自信，决定了阳下人的眼界、品位、胸襟和格局，决定了阳下的未来。

如今，集城区、园区、山区、老区为一体的阳下街道已然成为发展沃土、生活乐土、生态净土、红色热土。当然，这只是万里长征的第一步。阳下街道党工委、办事处正铆足劲头，与阳下父老乡亲拧成一股绳，不忘初心、不辱使命，振奋精气神，激发正能量，为加快建设现代化国际化海滨山水城市和最优最佳、卓越超越的"最福清"作出新的更大贡献。

也许会遭遇困顿，也许会经历风浪，但阳下人背过身子，迅速抹一下眼角，回过身子，仰望星空，随即挺直腰板上路。人生的冷寂苍凉，只会让勇士沉淀出镇定从容。这里，永远是一片迷人的绿洲。

第二节 阳下的土地

牧 春 词
李式耀 曲

$1=$♭E 或 D $\frac{6}{8}$
♪=72

你是红色热　土，党的初心火种在这里守　住。
你是发展沃　土，春天的故事在这里讲　述。
你是生态净　土，连绵的群山在这里起　伏。
你是生活乐　土，勤劳的人民在这里立　足。

为着理想甘洒热血，生死同赴走向
华侨力量寻根襄助，从今迈步迎来
山水之间乡愁倾诉，和谐共处留下
融和向阳搏拼天下，奋斗付出收获

胜利之　路。
花团锦　簇。
传说无　数。
满满幸　福。

阳　下，故　土。向阳拔节提速，
阳　下，故　土。向阳韶华不负，

向下扎根深　处，向着未来再上新的征
向下脚踏实　处，向着未来再上新的征

途！再上新的征途！

第二章 发展沃土

阳下

习近平同志在福建福州工作期间16次莅临阳下推动洪宽工业村发展。从最初以工业村发展为主的"先产后城"雏形期，到服务于工业生产，配套设施逐步完善的"产城互促"成长期，再到目前正积极向城市功能多元化、完善化、综合化方向发展的"产城融合"成熟期，在这片撤镇设街十余载的阳下大地上，演绎了从田野阡陌蝶变为现代新城的动人传奇。

朝暾夕晖，繁星素月，站在新的征程上，敢思敢想、敢闯敢干的阳下人，以求变创新的姿态书写簇新的誓言，向着"最优最佳、卓越超越"的目标，在这片追天逐日的沃土上再次续写发展新辉煌！

林文镜

第一节 缘起之路

爱国侨领林文镜：矢志为家乡发展"造血"

1928年3月19日林文镜出生于福清县北门外溪头村（今福清市阳下街道溪头村），是著名华人企业家和杰出侨领，是印尼"林氏集团"两大股东之一。

1936年，林文镜随母亲离开家乡，到印尼跟随父亲做生意。17岁时，父亲去世。他不仅承担起养家的重担，还从跑单帮开始闯入商海。1965年，林文镜与人合办了华仁谊有限公司。到20世纪60年代末，他先后创办了20多家企业。后来，他与父亲的一位挚友合作，创办了面粉厂和水泥厂，已经跻身世界富豪榜行列。不过，在他眼里，这些都不重要。他曾说："此生只有一个心愿，就是要让我的家乡不再贫穷。"

|矢志"造血"，帮助家乡脱贫致富

福清，枕山面海，虽然坐拥地理区位优势，但20世纪80年代，这里仍是一个经济发展滞后的农业县，工业基础极为薄弱。

林文镜拥有当时世界最大的水泥厂和面粉厂，不过，在他心里，家乡的富庶远比这些个人的资产和名声更重要。身在异国，林文镜一直惦记着养育他的家乡。他说，福清在世界各地的华侨人数众多，资产也是众多的，他只要把华侨的资产拿来百分之一放在福清投资，福清就会发生巨大的改变。

1987年岁末，已是东南亚商界巨子的林文镜，率领庞大的东南亚工商考察团回到福清考察。在结束考察的前一天，他在全县三级党员干部大会上，抛出了掷地有声的豪言壮语："既然输血救不了家乡，我要送家乡一台大大的造血机！"

当时，林文镜一出机场，就对迎接的福清县领导说："这次回来，福清不脱贫致富，我是不会离开福清的。从今天开始，我是来建设福清的，不是客人，也是主人之一了。"多少年过去了，这一席话仍然让早已退休的几位福清县领导记忆犹新，而且每次谈及，仍会激动不已。

此次考察，故乡的贫穷与落后，让林文镜很震惊，他与生俱来的强烈的爱国爱乡情怀促使他对福清人民做出郑重承诺："我要在福清办工业区，5年内让福清的工业产值达到5亿美元。"林文镜这一不给自己留退路的表态，让在场的县领导和党员干部大为震惊。要知道，当年全县的工农业总产

林文镜会同海外乡亲规划工业村（1990.7）

值仅有4.3亿元人民币。

　　林文镜是认真的。1990年，林文镜与福清市政府签订《帮助福清脱贫致富五年计划》，即用5年时间帮助家乡工业年产值提升至5亿美元，这是新中国华侨史上第一个以个人名义与政府签订帮助一个地方脱贫致富的责任书。不久，他将海外数十亿美元的产业托付给合伙人，毅然做出决定：回到祖国去，帮助家乡脱贫致富。于是，年逾花甲的他，信心满满地踏上人生的第二次创业之路，立志帮助家乡脱贫致富。

　　而此前，林文镜放弃了一个又一个能够让他声名远扬的机会。印尼总统曾以内阁部长的高位邀他回去，他婉言拒绝了。上海市曾表示，愿意拿出浦东一平方公里的土地，请他在那里创办一个工业区，他又拒绝了。有关方面曾以每年给500万吨订单且持续递增的条件，让他在长江沿岸建造一个世界级的水泥厂，他再次拒绝了。林文镜时常对人说："没有中国的改革开放，我这一辈子或许没有机会报效家乡。我是改革开放的实践者，我必须帮助家乡，让乡亲过得更好！"

　　当时，福清市政府给林文镜以及在印尼的工商界人士一平方公里的土

第二章 / 发展沃土

融侨开发区冠捷厂区

地，让林文镜招商引资，把海外的华侨资金引到国内，建设融侨开发区。

为了帮助家乡改变落后的面貌，林文镜从改善投资环境入手，斥资1000万美元兴建了融侨大酒店，并倾尽全力创建融侨经济技术开发区和元洪投资区。林文镜还自告奋勇担任起"福清招商大使"，穿梭于世界各地，邀请客商到福清投资兴业。

在林文镜的感召下，一批又一批台资、侨资企业纷纷落户融侨经济技术开发区，这其中包括冠捷科技集团。20世纪90年代初，在林文镜的邀请下，台湾冠捷科技集团董事局主席宣建生来到福州考察。林文镜向冠捷科技集团承诺："我出一半钱，亏了算我的，赚了算你的。"最终，冠捷科技集团选择了福清。现在，冠捷科技集团已成为全球最大的显示器制造商。

"送鸡生蛋"，参与地方经济建设

时任福州市委书记的习近平同志倡导"以侨引侨、以侨引台"，掀起了20世纪90年代初福州第一波侨台投资潮，他亲自部署和推动侨办工业

9

洪宽工业村

区、开发区建设，多次会见并拜访著名侨领林绍良、林文镜，鼓励支持并促成他们投资家乡。

1990年，全国首个村级侨办工业村——福清市洪宽工业村应运而生。时任福州市委书记习近平同志，多次到洪宽工业村指导工作，给予台商、外商和国内民企鼓励。

1988年秋，林文镜等侨领协助福清县政府创办了中国唯一由华侨主导招商引资、政府提供配套服务的国家级经济技术开发区——融侨经济技术开发区，并从基础设施入手，捐建了长达10公里的福清县进城大道，捐建了从福清县城到老家溪头村7.5公里的大道。这两条大道是当时福州地区最宽敞、品质最好的省道和县道。不久，他又资助建设了万门程控电话，使福清成为当时福州地区通讯水平最高的县城。

融侨开发区刚刚成立时，用电是停四开三，用水要自己打井。这样的条件让很多投资者望而却步。时任开发区管委会主任的魏唐茂说，林文镜是第一个在开发区设立企业的人，他的勇气让人佩服。

魏唐茂回忆，有一次，林文镜要同海外进行业务联系。他陪同林文镜

融侨开发区

到县邮电局登记挂号，在那里等了7个小时，还是挂不通国际长途。即便这样，林文镜丝毫没有嫌弃家乡的贫穷。

魏唐茂至今还清楚地记得林文镜对一位投资者下"定心丸"的情景。林文镜说："我先占大股。你们愿意占多少就占多少。亏了算我的，赚了你们拿去。只要你们的企业能在福清落户。"就是在林文镜精神的感召下，一批又一批台资、侨资企业纷纷落户融侨开发区，这其中包括冠捷科技集团。而当冠捷科技集团发展成为全球最大的显示器生产商时，作为董事长的林文镜，却把自己的一部分股份让给乡亲和境外商业合作伙伴。

20世纪90年代初期，福清的工业年产值突破了5亿美元，林文镜完成了他的第一个《帮助福清脱贫致富五年计划》。紧接着，林文镜又完成了第二个《帮助福清脱贫致富五年计划》，福清的工业年产值突破了50亿美元。

如今，融侨经济技术开发区已跻身国家级开发区前茅。截至2023年，全区规模以上工业企业280家，实现工业产值921.1亿元。融侨经济技术开发区也已成为全球最大的显示器生产基地。

这样卓越的成就，凝聚着林文镜多少艰辛和心血！

福清几任县委书记、市委书记、县长、市长，在谈起林文镜对福清的贡献时，都不约而同地说，林文镜对福清的贡献极其巨大，这种巨大不仅仅在于他无私地投入了大量金钱，也不仅仅在于他引进了众多台商，而在于他为我们如何摆脱贫困、如何永续发展贡献了众多思路。没有他，我们可能不知道如何才能又快又好地发展。

洪宽工业村闽台工具机项目合作签约
（2008.8于福州）

"港口兴市"，推动江阴港开发建设

福清地处祖国东南沿海，自古就有人循海闯荡四方，因此福清人对大海有着独特的情怀，尤其是融侨经济技术开发区升格为国家级开发区后，"港口兴市"这四个字时常萦绕在林文镜的心头。

1988年，林文镜为福清引进一家以出口为主的台资企业。可是没有让他高兴几天，问题出现了——因福清没有港口，所有出口货物都要经陆路运往广州再出口，运输成本极高。

为使这家企业不撤出福清，林文镜补贴了数百万美元的运输费用。他认为，这些钱对他不算什么，他的心里只有一个信念：故乡的发展比个人财富更重要。

"福清要想再次腾飞，必须有一个大港口。此前的下垄码头和元洪码头，早已不能适应新的发展形势了。"林文镜心中早就有了构想。

福清市委原书记练知轩还清楚地记得，1992年的寒冬，林文镜径直来到他的办公室，没有寒暄，没有客套，直截了当地说："我不相信福清这么漫长的海岸线，就找不到能建设码头的地方。我不亲自全部走一遍，决不死心。"练知轩被林文镜的话语感动了，说："大哥，我陪你去做实地勘察。你一个大华侨，为家乡建设如此不辞辛劳，我在办公室怎么能待得下去！"

于是，练知轩陪着64岁高龄的林文镜，不知花了多少个日日夜夜，几乎跑遍了福清500里海岸线。练知轩回忆起寻港的日子，感慨万千："大哥走起路来，脚下呼呼生风。好像吃了兴奋剂，浑身上下都是劲。"

功夫不负有心人。在林文镜的不懈努力下，终于发现江阴半岛自然条件优越，腹地大，可以建设世界级的大港！他如同哥伦布发现新大陆一般喜悦："这不正是儿时梦中的'聚宝盆'吗？"于是，他当即捐资，与福清市政府联手对江阴半岛进行全面、系统的可行性勘探和论证。

林文镜成为江阴开发的第一个投资人，并为江阴港设计了发展思路：建设成一个国际性的营运中心、洲际贸易中心和临海重工业基地，成为推动福清、福州乃至福建省经济快速持续发展的新增长点，并成为连结海峡两岸同胞共同发展的重要基地。

此后，林文镜开始漫长而辛苦的宣传工作。他自制宣传画册，用了近10年时间，不厌其烦地向各界人士推荐江阴半岛的开发建设。有人统计，10年间，林文镜至少向10万人介绍过江阴港。

1993年，林文镜花重金从台湾请来50多位设计师、规划师、经济师、项目评估师。随后，10多批台湾工业企业家也抵达福清，开始了对江阴半岛的整体规划和投资建设。不久，他又重金邀请台湾专家制作了《福州江阴营运中心》，这是江阴港第一份规划蓝图。

很多人发现，当我们走进今天的江阴半岛，不得不承认，江阴港的发展轨迹正是沿着林文镜的规划向前延伸，江阴港的版图与林文镜在《福州江阴营运中心》中的规划相吻合。

天道酬勤。在林文镜的积极推动下，2000年，江阴港的开发建设终于拉开了序幕。同年8月，福州江阴国际集装箱码头有限公司成立，林文镜出任副董事长。

2002年，江阴港出现在世界所有航运公司的航运地图上。同年12月18日，江阴港一号泊位5万吨级集装箱码头正式开港通行，这是福州历史上第一个真正意义上的海港。

很快地，随着一大批通往五大洲的国际干线的开辟，江阴港的国际干线港地位得到了全方位的确认。2003年，集装箱吞吐量仅为1万标箱，2007年飙升到130万标箱，跻身全国十大集装箱港行列。2017年，突破155万标箱，达到历史新高。

江阴港的发展，可以用"迅猛"两个字来形容。截至2023年4月，江阴港已开通至欧美、东南亚等国际国内航线62条，全力打造"东南门户枢纽港、丝路海运中心"。未来，福州江阴港将以"海上福州"建设为机遇，持续优化构建"港-航-陆-铁"综合物流服务体系，着力打造集国际港航中心、整车物流集散交易中心、跨境电商物流中心、区域性智慧物流中心于一体的国际智慧港口，为区域经济发展提供有力支持和保障。

海纳百川，港通天下。通达四海的深水良港，是一座城市弥足珍贵的资源优势。2017年8月，福州市委从总体工作和福州新区发展出发，整合江阴工业集中区和福建自贸试验区福州片区保税港区，设立福州江阴港城经济区。如今，以万华化学为龙头的聚氨酯、异氰酸酯产业链，以中景石化为龙头的聚丙烯产业链，以坤彩科技为龙头的钛铁颜料产业链，逐渐壮大，链链

福清江阴港

起舞,加上港口后方形成的上下游产业一体化、资源配置集约化化工新材料专业园区,正推动着江阴港城经济区朝着"世界一流的千亿级化工新材料专区"目标加速迈进。同时,经过五年的发展,园区内江阴海上风电产业园已粗具规模,引进了东方风电、金风科技、中国中车等企业,致力打造海上风电大部件产业链及海上风电高端装备基地。

福清的干部和群众由衷赞叹:"没有林文镜,就没有江阴港,也就没有现在高速发展的福清港口经济!"

历史将证明,1992年,林文镜勘探福清海湾,是中国海港发展史上的重大事件。林文镜的高见远识和非凡魄力,在史册上会留下浓墨重彩的一笔。

侨领情怀,乐善好施热心公益

林文镜是一位深孚众望的侨领,富裕不忘本。

1993年,捐出1200万元建设福州市一医院元洪门诊大楼。同年,捐出500万元用于抗洪救灾。

1994年,为闽江调水工程慷慨捐出1亿元。2000年,捐出1000万元、1200万元、2400万元,分别用于建设福州市南江滨公园、锦江生态园、锦江路。

2004年,向闽江学院捐出800万元。2005年,向福建省民间工艺基金会捐出700万元;同年,又捐出700万元用于援助"龙王"台风灾后重建。2007年,向福清侨乡博物馆捐出1000万元。2008年,为四川汶川灾区捐出1600万元。

2009年,捐出5000万元设立中国华文教育基金。同年,又捐出1000万元设立中国青年创业就业基金。

2016年,林文镜慈善基金会正式成立,其原始基金来自其家族企业——融侨集团股份有限公司的捐赠。仅2018年上半年,累计支持20个公益项目,捐赠金额近700万元。

据统计,林文镜及其融侨集团,已为社会公益事业累计捐款逾11亿元，以实际行动践行了"企业公民"的责任，真可谓大爱满神州。

多年来，林文镜的捐款遍布四处，但四处都找不到以他的名字命名的设施或项目。他说："我不想上富豪榜，也不想上名人榜。我的追求，是要让我的家乡富裕，让我的祖国伟大……"

在福清，无论哪一阶层的人都会忽略林文镜的头衔，不会称呼他为"水泥大王""面粉大王"，也不会称呼他为"爱国华侨""侨商巨子"，人们只亲切称呼他为"大哥"。被誉为"福清主义"的"大哥"，几十年如一日地关心、支持家乡的建设，让福清实现了一轮又一轮的腾飞。

这就是林文镜，一位无怨无悔为福清一次次腾飞领跑的侨领。他曾说："我仰不愧于天，俯不怍于地。为了家乡，我一生无憾！"

俯仰之间，福清已无旧貌，从经济全省倒数跃入全国县域百强。林绍良、林文镜和众多华侨"送鸡生蛋"的故事还在坊间口口相传。一种敢为人先、奋发自强、饮水思源的精神在千年侨乡吐露芬芳，成就福清人共同的福气和骄傲。

2018年7月，这位被世人尊称为"大哥"的爱国侨领与世长辞，享年90岁。他一生无怨无悔，为家乡发展"造血"，为家乡腾飞"领跑"。林文镜的爱国爱乡精神，在这30年间乃至更长时间的家乡发展史中，留下了永不磨灭的丰碑！

全国首个侨办工业村：乘风启碇·勇立潮头

1990年，改革春风吹遍神州大地，一颗承载着福清发展希望的种子在阳下大地生根发芽。此后，洪宽工业村作为改革开放的试验田和窗口，站在了福清加快改革开放和经济建设的潮头。

阳下街道溪头村，是爱国侨领林文镜的家乡。改革开放前，溪头村十年九旱，环境恶劣，农民收入低，1978年人均年收入仅55元，人均口粮不到300斤，村财收入微薄。

20世纪90年代初，时任福州市委书记的习近平同志倡导"以侨引侨、

洪宽工业中心

以侨引台",掀起了福州第一波侨台投资潮。他亲自部署和推动侨办工业区、开发区建设,多次会见并拜访著名侨领林绍良、林文镜,鼓励支持并促成他们投资家乡。林文镜被他的精神感动,返乡建立了全国首个侨办工业村——洪宽工业村。

各级党委政府和林文镜先生共同为洪宽工业村的发展壮大努力,一方面投入巨资进行大规模的基础设施建设,另一方面全力招商引资。

筑巢引凤,花开蝶来。在林文镜的动员下,台企宏茂塑料也被福州良好的投资环境打动,来到洪宽工业村创办了福清宏茂塑料有限公司,这是洪宽工业村首家入驻的台企。1990年10月,宏茂塑料动建厂房。习近平同志特地到场,与大家一起见证奠基。

1991年9月,洪宽工业村有十几家企业共同举行奠基典礼,习近平同志又专程前来参加。当时,村里已有20多家台企,包括制鞋、服装、刀具、

拉链、塑胶制品等。他仔细调研，关心大家的发展情况，遵照要求、听取建议，让台企很受鼓舞。

习近平同志在福建、福州工作期间，十分关心洪宽工业村建设，曾16次莅临福清指导工作，视察洪宽工业村，多次作出指示，提出要求，为洪宽工业村指明了前进道路和发展方向。30多年来，洪宽工业村一直怀着特殊感情，带着特殊责任感奋勇拼搏，不断适应新形势，投身新浪潮，展现新作为。

1999年，洪宽工业村成立福清洪宽海峡农业实验有限公司，同年被外经贸部、农业部、国台办授予"海峡两岸农业合作实验园"的荣誉。2010年，洪宽工业村规模以上工业产值100.0687亿元，实现百亿工业村的愿望。2011年，成立福建洪宽台湾农业科技有限公司，同年经国台办、农业部批准，升格为国家级福清台湾农民创业园洪宽核心区。2019年，洪宽工业村为实现转型升级，动工建设洪宽创新科技园。次年，洪宽创新科技园一期投入使用。

洪宽工业村大景

发展要有金戈铁马的锐气，转型要有一马当先的勇气。近年来，面对经济新常态，洪宽工业村不断升级配套、释放红利，发挥招商引资"磁力效应"，积极引进精密汽车部件、电子信息和光学仪器等产业，通过这些核心产业带动片区繁荣发展。园区内，现代工业转型蜕变，高科技农业蓄势待发，台资与内资企业"强强联手"，诠释着"融和向阳、搏拼天下"的福清精神和"洪宽速度"。

洪宽创新科技园

在工业发展上，洪宽可谓硕果累累。如今，洪宽工业村已形成台湾机电园、铝产业园、综合工业园三大园区和发电机组、铝材深加工、精密机械、电工电器、食品加工五大产业，有企业130余家，其中规上工业企业

溪头村

90家，产值过亿元企业33家，2023年工业总产值超200亿元。随着工业村步入可持续发展的良性轨道，洪宽已成长为国家级融侨经济技术开发区的骨干园区。

《福州市20年经济社会发展战略设想》提出，要发挥好对台、对侨等区域优势，"在办好现有外商投资企业基础上，进一步拓展利用外资渠道和领域，争取在引进侨、港、台和外资上有大的突破。"

在"3820"战略工程思想精髓指引下，洪宽工业村从一个人均年收入不足百元的落后农村，成长为产业兴旺、配套齐全的工业园区，是福清主要经济增长点之一，也是承接台湾企业产业转移的重要区域之一。目前，洪宽创新科技产业园已引进富鸿齐、宏协承、万达光电等多家"高精尖"企业，让洪宽工业村的产业版图更具科技含量。

洪宽工业村依托融侨集团的产业及资金优势，不断将工业村产业园区从单一生产型，逐渐规划发展为集生产与生活于一体的新型园区。下一步，洪宽工业村将继续朝着产城结合、生态优美、百姓宜居的社会主义新城镇方向发展，工业村不再是单纯的工业加工、科技产品制造区，还将融合各种商业、金融信息、管理、医疗、娱乐休闲服务等产业和公益事业，打造福清北部新地标。

在工业村和创科园的辐射带动下，溪头村村民也走上了致富之路。到2023年，溪头村人均纯收入超过5万元，农村医保、新农保参保率100%，全村无一个贫困户。近年来，溪头村的村容村貌也焕然一新，先后荣获"福州市最美文化村""福州市民主法治村""福建省先进基层党组织""全国文明村"等称号。

希望之树已枝繁叶茂，硕果累累；繁忙的车间里生产线日夜飞奔，追逐明天的太阳；热闹的集市上，满城烟火热气腾腾。老百姓的满意度与日俱增……阳下大地繁忙的生产场景，折射出全市经济的奋进足迹、产业韧性和市场活力以及全国百强县（市）的磅礴底气。

"以侨引侨、以侨引台"：侨资台资纷至沓来

在爱国侨领林文镜的努力推动下，洪宽工业村的落地企业迅速增多，仅1994年就有20个项目分别动工、投产，这里因聚集一大批台资企业而在闽台两地被誉为福建省"台湾村"。

▎发动"梦想"的永强力加

福建永强力加动力设备有限公司，由香港林矛先生独资创办。作为福清市外商独资大型重点高新技术企业，永强力加成立于2006年，现有员工800多人，占地近300亩，其中标准厂房12万平方米，是专业从事大型柴油发电机组、小型风冷柴油机、小型风冷汽油机、汽油发电机组、柴油水泵机组、汽油水泵机组、船用挂桨机、园林机械、农业机械设计与制造的行业龙头企业。

永强力加先后通过"高新技术企业""福建省企业技术中心""福建省工程技术研究中心""国家安全生产标准二级企业（机械）""福

建省创新型试点企业""福建省知识产权优势企业"的认定，成为国家商务部指定"国外经济官员学习参观基地"，承办科技部"国家火炬计划产业化示范项目"。公司获得ISO9001质量管理体系和ISO14001环境管理体系、ISO18000职业健康管理体系的认证。

在大型发电机组方面，永强力加拥有现代化的发电机组工业生产基地、实验中心、工程中心及专家工作站，致力于为电力设备项目提供电力解决方案，在发电机组设计、配套生产、解决方案及维修方面在国内同行中居于前列，在全世界几十个国家和地区具有较高的声誉，产品销售到东南亚、中东、美洲、欧洲等地区。

永强力加公司坚持"创新—高效—诚信—共赢"的价值观，秉承个性化定制、专业化服务的经营理念，致力于成为全球有影响力和竞争力的发电机组供应商。

永强力加

洪宽工业区企业

▎领航时尚的洪良染织

福清洪良染织科技有限公司是台湾南良集团的核心事业体之一，于1993年创立于福建省福清市阳下镇洪宽工业村，占地约12万平方米，拥有花园式的环境和现代化厂房，共拥有员工400人。

洪良染织主要生产以运动、时尚、休闲为主的长纤针织面料，工厂拥有先进的织造、染整设备整经机、德制经编机、大圆机、缇花纬编机、自动滴定打色机、染色机、起毛机、碳刷机、定型机、自动包装机等，并配备完整的物化性检测实验室，计算机自动对色系统，完善的污水处理及回用水系统，月生产能力达600吨。

洪良染织的研发团队拥有多位国家级工程师，开发包括吸湿快干、超细柔软、四面弹力、防紫外线等各项功能性面料，也积极回应环保需求，推出再生纤维、无染纤维等品项，同时运用

洪良染织

新科技纱线，加上洪良创新的织造工法提花技术，开发出单向导湿、智慧导电（智能服饰用）等新型态面料，并取得多项专利证书及中国针织行业科技贡献奖、全国纺织产品开发贡献奖等诸多荣誉。洪良公司的Hontex、Ho-Cooling、Ecotex等商标在欧美日各大品牌均获得相当高的知名度。Hontex商标2008年至2017年，获得"福建省著名商标"的称号；2006年，Ho-Cooling获得"福建省名牌产品"的称号。

在环境治理与社会责任上，洪良也不忽略，使用绿色电力，采取煤改气等碳中和措施，并取得ISO9001、ISO14001、OEKO-TEX100认证，每年也接受并通过第三方社会责任验厂，证明公司在员工保护、各项福利、工业安全、环保法规等社会项目上取得品牌认可。

凭着优良的产品和诚信服务，优异的产品质量，标准化的作业流程，求精务实的精神，洪良团队数十年如一日地坚定信念，赢得市场的肯定和社会的好评，获得欧美、日本、中国大陆许多知名品牌之信任，成为长期合作伙伴，在全球化市场的浪潮中，勇立潮头，谱写一页又一页华丽的篇章。

第二节 蝶变之路

奋安铝业：全国铝型材龙头企业

奋安铝业是目前全球最大的铝材生产企业之一。业务范围涵盖全球100多个国家与地区，为全球6000多个房地产项目提供铝型材产品及服务。

回顾企业发展历程，几多风雨几多坎坷，最终跻身行业前沿，成为福建地区最具代表性的铝型材企业之一。它的成功之道，与其创始人黄秀华始终坚守敬业、精益、诚信以及创新的"工匠精神"密不可分。

福建奋安铝业有限公司成立于1988年，是一家专业研发、生产、直销建筑铝型材、工业铝型材、特种铝型材、系统门窗、汽车铝制轻量化、太阳能光伏边框支架等铝合金材料的企业。2007年，公司投资8亿元，在洪宽工业村建设占地1000亩的福清奋安科技工业城。2011年7月，奋安铝业公司

奋安铝业

福清基地一期工程建成，年产量达20万吨，成为福建省铝型材、不锈钢生产基地的龙头企业，并跻身全国铝业二十强。2012年2月，公司二期项目开工建设，建成亚洲产量最大的立式氧化电泳线，同时增加了20条挤压生产线，一跃成为福建省第一大、全国第五大建筑铝型材生产企业。在国内外众多金属加工业艰难前行的形势下，奋安铝业有限公司却保持着跨越发展的强劲势头。

在创业之前，黄秀华仅仅是一个铝材业务员，骑着一辆男式摩托车跑业务是常有的事。但就是那段时间的经历以及她设身处地为客户着想的良好品质，为其积累下了良好的口碑，也为后续的创业夯实基础。在黄秀华的带领下，目前，该公司拥有福建奋安铝业工业城、河南奋安铝业工业城、高端工业材生产、系统门窗科技产业园、太阳能光伏支架生产、汽车轻量化制造等七个生产基地，同时拥有高端工业铝型材技术研究院、系统门窗研究院、奋安商学院等三个智囊机构。30多年来，企业专注于铝及铝合金新工艺、新技术的研究，进行国际领先的高精尖工业铝型材系统门窗的研发、运用及技术传播，为客户提供从设计到生产、服务一体化的铝产品解决方案。

奋安之所以能够在瞬息万变的铝行业市场中扎根，得益于该公司在产品创新、渠道营销、品质创新方面的深厚积累。齐全的产品、完善的服务，让奋安的营销团队遍布中国与世界各地，也让奋安品牌从福建地方铝材知名企业一路成长，发展成为中国铝型材制造行业的引领企业。

永远比别人快一拍，是奋安始终奉行的创新理念。为了解决国内系统门窗一片空白、国外系统门窗价格畸高以及难以匹配中国气候特点和使用习惯的问题，早在2011年办厂初期，奋安铝业就成立了门窗系统研发中心，并结合福建沿海地区的特点，针对门窗的防水、密封性能做了大量的研发。但因研发投入成本高、业界并不看好的现实情况，企业发展面临巨大的压力。

然而，正是"在科研上耐得住寂寞，守得住平淡"的这份坚守，在经过了数百次失败后，奋安铝业终于在2013年研发出符合中国区域气候特点的第一代高端系统门窗，并在多次检测合格后于2015年上市，性能达到国际领先水平。在长达六年的坚守中，研发人员从刚开始的几人发展到100多人，产品经历了八次的更新迭代，最终开创了研发制造中国式系统门窗的先河。

黄秀华认为，企业的发展要顺势而为，要及时调整经营策略，提前布局，把握发展机遇。基于对材料应用的长远判断，从近十年开始，顶着"中国驰名商标""中国铝型材十大品牌""中国十佳铝材""中国建筑铝型材二十强企业""福建名牌产品""福建省企业知名字号"等各项殊荣的奋安，逐渐从建筑类铝型材向工业铝材、新能源汽车、系统门窗、军工铝材等高性能铝型材领域拓展，工业材产量不断攀升，并呈现总体平稳、稳中有进的良好发展态势。

如果说奋安的产品满足了消费者以及产业升级迭代的需求，那么在品质及营销创新方面，奋安可以说是实现了品牌价值与产业价值、用户价值的同频共振，为行业发展树立了标杆。尤其在品质方面，奋安自始至终坚持使用符合标准的纯铝原材料制造高品质的铝材。在业内，奋安还是全球第一家提出"门窗终身管家服务"的企业。除了产品创新,对自主研发的产品质量有着十足的信心外,黄秀华还坚持"只为客户狂"的服务理念。

在黄秀华的经营理念中,树立企业文化是很重要的一环。

2011年的一天,黄秀华从工厂成品装车区经过,却听见阵阵"砰砰"震耳的声响,转身看去,发现搬运工人正将一扎扎铝型材"扔"进货车车厢。每一支铝型材的生产,都凝结着工人的智慧和汗水,怎能在最后的发货环节遭受如此"虐待"?每吨价值两万余元的铝型材,即便质地坚硬、不易变形,也不能如此野蛮装卸!

黄秀华立即上前挥手喊停,对正在装车的几名搬运工语重心长地说:"这不叫搬铝型材,而是像扔垃圾一样在扔铝型材啊。从现在开始,大家搬铝型材要像搬鸡蛋一样小心翼翼!"黄秀华当即让秘书做了一条横幅,上面写着"搬铝型材像搬鸡蛋一样小心翼翼",落款"总经理黄秀华",并将这条横幅挂在仓库最显眼的位置,时刻提醒着所有员工。

为了鼓励搬运工人落实这一政策,公司设立了"总经理红鸡蛋奖",以形象的"红鸡蛋"评定工作表现,红鸡蛋的个数与员工月奖金和年终奖挂钩。红鸡蛋政策实施后,再也没有出现扔铝型材的现象。如今,红鸡蛋政策已不仅仅是一项工作标准,更是奋安人的一种习惯和工作精神。

奋安的企业管理及企业文化,在业内享有极高的美誉。奋安很早就成立了系统门窗研究院、奋安商学院,这也是国内第一家相关专业研究院以及铝门窗、不锈钢专业学院,目的不仅是为了让奋安生产员工、销售团队以及奋安的上下游客户能够更快、更精准地了解行业的知识与趋势,培育适合新时代的铝业人才,提升员工专业技能,为公司的发展赋能,还是企业为行业培养更多专业人才,实现中国铝门窗、不锈钢行业走向标准化、规范化及可持续发展的责任担当。另外，针对奋安上下游客户，如汽车轻量化、门窗经销商、地产招采人员等客户群体，点对点匹配培训，全面系统地为他们提供铝材知识、门窗安装、销售技巧及管理等课程，形成互补、互利、互动的培养学习平台，达成多赢局面。

绿星（福州）居室用品："家文化"树起园区标杆

在洪宽工业村，走进绿星（福州）居室用品有限公司，只见厂区内绿草成片，绿树成荫，员工宿舍旁的篮球场也被四周的矮灌木和藤本植物装饰得生机盎然。近三十米长的宣传栏里，涵盖徐志摩、张爱玲经典语句和穿衣搭配等丰富多彩的内容，处处都彰显出公司的人文关怀。

"公司似一条船，领导是船长，员工则是船员。只有经过暴风雨的磨练，才能不断地增强凝聚力，提升团队精神，破浪前进。"这是来自四川的杨姓员工一家人写给公司的一封感谢信的开头。就在这前一年，老杨的妻子小徐在参加公司组织的体检时，不幸查出患有乳腺癌。身体的伤痛和没钱治疗的无奈，给这个坚强的女人双重打击，原本平静的家庭也不再平静了。公司领导层知道后，一面派人陪同小徐办理住院手续，一面发动员工爱心捐款，帮助这个家庭渡过难关。正在养病的小徐谈起此事时，言语间充满了感激之情。

"像这样的爱心捐款活动在绿星公司每年都会举行好多次，谁有难处，大家都会伸出援手。"人力课课长倪琴说。"绿星"有个特别之处，就是一家子都在厂里工作的不在少数，因此员工家庭闹矛盾、孩子入学或者生活有难处，都会找部门经理甚至老板谈心，寻求帮助。不久前厂里一名员工的女儿与另一名年轻的男员工谈恋爱了，可是女方家长不同意，于是两年轻人就玩失踪。事发后，公司立即派人寻找，然后分头做家长和孩子的思想工作，让事情得到圆满解决。

老板将员工看做家人，员工当企业是自己的家。这种温馨弥漫着绿星公司，也伴着公司迅速成长。绿星公司是一家台企，1998年由福州搬迁到阳下街道洪宽工业村，主要生产室内各种布艺收纳、清洁、寝室用品及软包等。凭借产、供销一体化管理，"绿星"产品实现了与国际品质要求接轨，外销至日本及欧美国家。经过20多年的发展，公司规模不断扩大，如今，已拥有两个厂区，总占地面积88300平方米，共有员工1650人。2004年，公司推出了全新创意的"钢管+布艺+木艺"三维一体的家具收纳系列产品，开创了家具收纳系列产品的先河，实现了由"绿星制造"到"绿星创造"的飞跃。

在绿星公司，特有的考核制度让每一个员工都享有公平的晋升机会。员工工龄满一年以上的就可以申请职员，有五年工龄的职员可以竞争部门经理职位，部门经理每年仍需接受考核，不过关的依然要被淘汰，将机会让给其他人。今年40多岁的郑某，2002年从学校一毕业就进绿星公司上班，成为一名车工。不久，服装专业毕业的她被挖掘出来了，调到了打样

绿星公司

4月，洪宽创新科技产业园项目开工建设。创科园利用现有存量土地开发建设，围绕精密汽车部件、电子信息和光学仪器等门类制定产业规划，为科技人才创业、科技成果孵化、科技项目发展打造要素齐全的成本洼地，并于2020年9月投入使用，正式开启洪宽工业村的"二次创业"之路。

目前，占地约123亩的洪宽创新科技产业园一期已投入使用，标准厂房、办公科研楼、员工餐厅、员工公寓等研发、生产、生活设施一应俱全，企业可直接入驻，迅速投产。

2021年，洪宽创新科技产业园已引进冠捷电子配套企业福州富鸿齐电子有限公司、福耀集团配套企业福建宏协承汽车部件有限公司、京东方配套企业福建万达光电科技有限公司、新能源电力研发企业福建耀荣能源科技有限公司、高精密医疗设备研发企业华智环科（福建）环境科技有限公司等多家"高精尖"企业，让洪宽工业村的产业版图更具科技含量，构成福清电子信息等产业链建设的重要一环，有效助推全市产业升级。

与此同时，创科园建设产生的带动效应，引领洪宽工业村原有企业发力研发创新、谋划转型升级。

走进洪宽工业村奋安铝业的生产车间，一款最新自主研发的系统门窗引人注目。"它能抗台风、防水、隔热、隔音，同时还具备防蚊、防盗、防坠落、易逃生等多种功能，解决了门窗行业20多年的困扰。"奋安铝业负责人介绍，洪宽工业村及时向企业传达政策信息，协助企业申报各类扶持政策奖励，营造了转型升级的浓厚氛围。"我们成功从传统铝材供应商转型为高端门窗制造商，被评为高新技术企业。"

目前，结合福州市正在实施的工业（产业）园区标准化建设，洪宽创新科技园正在规划建设二期、三期项目，以产业新城为目标，以更大决心、更足干

奋安铝业生产线

劲、更硬举措，加大力度吸引更多"专精特新"中小企业落户，促进一、二、三产业同步联动发展，形成创新生态圈，助力制造业高质量发展，在福清加速形成16.9平方公里的产业新高地。

三十正青春，更向潮头立。30多年来，洪宽工业村坚定不移贯彻福清发展战略，秉承林文镜先生的初心，深入推进园区开发建设，持续打造创新科技园，按照产业新兴城市的定位，通过产城融合模式，让工业村实现再次腾飞，为福清乃至福州的经济发展锻造"新引擎"。

国家级福清台湾农民创业园：厚植沃土·结出金果

芒果、莲雾、芭乐、桑葚、柑橘、葡萄、杨桃、柠檬、非洲人参……一排排，一列列，长势喜人。远处的山上青岚氤氲，带着云雾湿意的风从山顶落下来，在果林里沙沙穿行，顺带翻动起壮实的权枝绿叶，反射出星星点点的光泽。

这里是福清台湾农民创业园的一片果园。果园的主人庄炳耀操着一口浓郁的台湾南部乡音，给到访游客详述各种水果的引进时间、品种以及如何防虫、施肥。

福清是著名侨乡，庄炳耀与之结缘非常早。结缘的原因还是在一个"侨"字上。

庄炳耀是台湾彰化人，20世纪80年代被评为"台湾地区十大青年农民"，是岛内公认的"葡萄大王"。那时他的葡萄种植技术赫赫有名，事业有成，根本没想过到大陆发展，直到林文镜主动找上了门。

林文镜是福建著名爱国侨领，有得风气之先的敏锐嗅觉。1997年7月，国家商务部、农业部以及国台办联合批准福清为海峡两岸农业合作实验区，为两岸合作注入了新的活力。随后，林文镜在阳下投资创办洪宽海峡农业实验场，拟引进台湾高优水果种苗进行培育，带动当地农业发展和农民致富。

求贤若渴的林文镜找到了庄炳耀，却碰了一鼻子灰。那时的庄炳耀，

福清台湾农民创业园

在台湾南部已经拥有近百亩农庄、一个酿酒厂，根本不作他想。林文镜知道他的能耐，并没有放弃，先后三次邀请庄炳耀到福建实地看一看。"三顾茅庐"的诚意，加上大陆广阔的发展前景，终于把庄炳耀请到了福清。

林文镜回馈家乡的初衷感动了庄炳耀。"我本身也是有老祖宗的，是漳州那边到台湾的嘛。"如今斯人已逝，他的这份初衷被庄炳耀接续了下去。

为了把最新的农业技术及时传递给当地农户，庄炳耀每年都会参与福清市农办举办的农技培训班，义务给农户授课。气候、土壤、风向、微生物环境，对植物的生长有何影响，他一一给大家答疑解惑。

即使一大把年纪，皮肤黝黑、身材壮硕的庄炳耀，还是保持着一个农民日出而作、日落而息的习惯，跟工人一起下地一起收工。他觉得，农作还是要手把手地教才能事半功倍。

1999年，庄炳耀来到福清时，福清还只有枇杷、龙眼、荔枝、柑橘、杨梅和桃子、李子等少数几种水果。经过考察，他发现这里很适合种植台湾的小西红柿和芭乐。于是，他从台湾带来种苗，试种成功后，就无偿向

福清丰泽农牧科技开发有限公司

周边农民推广。此后，他又引进台湾的蜜雪梨、火龙果等高端水果。在他的带动下，如今，芭乐和火龙果已经发展成福清的当家水果。

20多年来，庄炳耀见证了台湾农创园的发展壮大。2011年6月，福清台湾农民创业园升格为国家级台湾农民创业园。多年来，创业园积极引进、种植、推广台湾优良蔬果品种，开展台湾农业技术交流、培训，成为特色明显、优势突出的全国对台农业合作交流样板园。他与有荣焉："台农创业园发展态势良好，是两岸农业渊源深厚的必然结果，也是福建对台惠民惠农政策积极释放善意的结晶。"

与庄炳耀相同，出生在台湾农家的林世明在20世纪90年代就"登陆"发展，前几年，林世明陪太太回到了她的祖籍地福清。他没有想到的是，福清有一个国家级的台湾农民创业园，园区业态已涵盖种植养殖、农产品加工、花卉培育、休闲观光农业等一二三全产业链，最重要的是，各种惠及台农的政策解除了他的后顾之忧。

"不论是农业电价、基础设施补助，还是贴息贷款优惠，当地政府都落实落细，服务非常周到。"在考察过福清的投资环境后，林世明决定租地种凤梨。彼时，来自台湾的农业技术员汪育森也在寻找赴大陆创业的商机。经朋友介绍，他认识了林世明。二人一拍即合，便拉开了台创园种"金果"的序幕。两人发现，目前大陆市场上的凤梨多是4~6月上市。林世明思索道："如果我们能错峰上市，就可以打开市场。"

功夫不负有心人。2020年，首批种下的金钻凤梨结果了，并在中秋上市，上海、浙江等地的市场供不应求。

2022年，满怀憧憬的二人又种下了10万株金钻凤梨，并且引进了芒果凤梨、黄金凤梨等新品种，延续此前反季节上市的营销思路。这两种凤梨运用台湾的催花技术，可以在保持甜度和口感的前提下，让凤梨推迟到冬季上市，借助春节市场的热度，推出应景的凤梨伴手礼。加上原有的金钻凤梨，福清台创园一年四季都有凤梨销售。对于未来，两位台农充满信心。

2018年，国台办联合国家发展和改革委等多部门发布实施《关于促进两岸经济文化交流合作的若干措施》，即"31条惠台措施"。多年来，福清台湾农民创业园管委会积极贯彻落实相关惠台措施，为台企台农提供政策保障，解决他们的后顾之忧。

在优惠政策的扶持下，越来越多的台湾创业者到福清创业。如今，落户福清台创园的涉台农业企业共有58家，累计吸引台资3.68亿元，园区总产值37.32亿元。近五年来，引进台湾农业新优品种678个、先进技术108项、先进机械设备403套；利用新技术带动推广种植新品种10.8万亩，带动120多家企业和5.36万户农民发展现代农业，年增加农民收入4.12万元。同时，专项资金补助和贷款贴息等惠台政策得到有效落实，2022年，省级、福清市级财政共安排财政专项资金650万元，用于福清台创园区企业的项目建设，为园区内4家农产品加工企业办理贷款贴息14次，补助金额950.73万元。此外，福清供电、物价等部门也积极帮助台企台农优化用电结构，降低用电成本，增强台企发展信心。

第三节 奋起之路

以奋进姿态，开启融入国家级经开区新篇章

作为大陆首个以台资企业为主的工业村，位于福清市阳下街道溪头村的洪宽工业村至今已有30多年的发展历程。因配套完整、交通便利，这里吸引了众多境内外客商入驻。近年来，面对经济新常态，洪宽工业村在打造招商环境的同时，也思考着如何转型升级。

2023年，在福清市委、市政府的主导下，洪宽工业村准确把握新发展阶段、深入贯彻新发展理念、服务融入新发展格局，以奋进姿态开启港产城融合发展新篇章。

项目转型，从劳动密集到高新产业

瞄准大陆市场青睐高新产业的机遇，台商李昭毅在一块小小的刹车片中，融入环保与科技理念，运用自主研发配方生产出了无金属、无噪音、抗磨损的新型刹车片。自2013年入驻洪宽工业村以来，李昭毅创办的福州新信制动系统有限公司，每年营业额平均增长30%。

洪宽工业村由爱国侨领林文镜创办于20世纪90年代，当年引进的第一家企业便是台资企业，此后许多台商慕名而来，这里成为远近闻名的"台湾村"。

"经过30多年发展，洪宽工业村的投资环境越来越好，在台商中的口碑也不错。"李昭毅表示，自己就是通过上一届福清市台协会会长高发水的介绍认识洪宽工业村的，这些年来企业发展速度很快，离不开洪宽工业村提供的一系列配套服务。

走进洪宽工业村，一栋栋厂房错落有致，除了水、电、道路

福州新信制动系统有限公司

铁路穿城而过

等基本配套设施外,周边还有中小学、休闲公园、健身中心、电影院、住宅楼盘等便民设施,可谓软硬件齐全。

"最为关键的是,洪宽工业村为入驻企业提供了一系列的后续免费服务。"李昭毅说。入驻后,由于正值生产旺季,企业必须24小时全天候生产,为了让他们无后顾之忧,洪宽工业村不仅帮助他们办理企业入驻工业村的有关审批资料,还协助他们完成了高新企业认定,这为企业拓展大陆市场奠定了良好的基础。

台资企业福州新信制动系统有限公司是近几年洪宽工业村引进的高新产业项目之一,其自主研发的刹车片,占大陆自主品牌车厂配套供应量的10%。

"过去,工业村主要引进发电机组、电子五金、塑胶纺织、服装鞋帽等劳动密集型产业。经济新常态下,我们开始考虑通过改变招商引资方向,实现转型升级的目标。"洪宽工业村开发有限公司副总经理陈齐云表示,当前电子产业、光伏产业、新能源产业是工业村招商引资的重点,希望以此带动工业村内企业逐步转型升级。

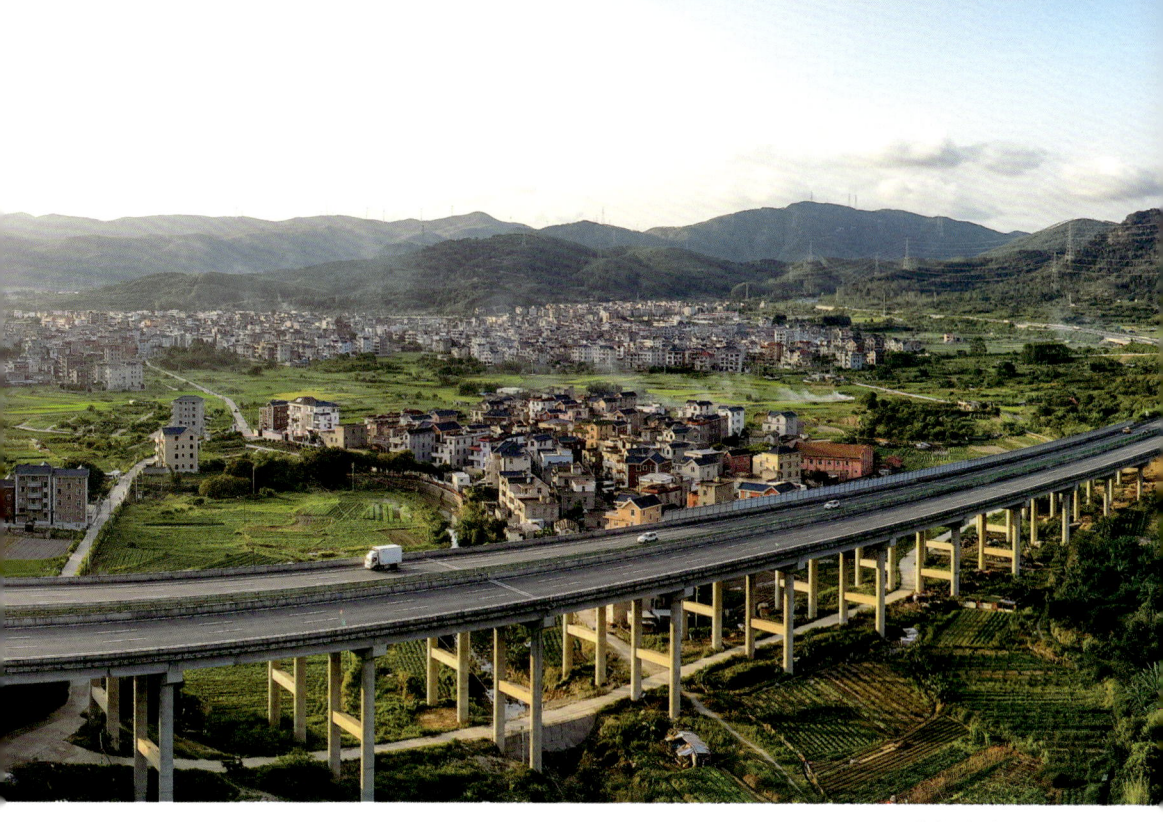

长福高速

▎借助"一带一路",推动规模企业走得更远

2017年8月27日,由福州本土企业奋安铝业自主生产的一批高端门窗产品,通过江阴港集装箱码头,销往加拿大。从传统铝材供应商到高端门窗制造商,奋安铝业的这次转型升级是在洪宽工业村完成的。

2011年,原本地处福州金山工业区的奋安集团,因金山功能定位变化及企业发展规模扩大,将企业整体搬入洪宽工业村。2013年开始,奋安铝业每年投入2000多万元资金开展新产品研发,并根据地理位置、消费习惯、气候条件、风土人情等分析全球各地不同客户需求,生产防尘、防台风、智能声控等各类型门窗,产品系列达五六百种,获得百余项专利。

"除此之外,我们还努力延长铝产品产业链,发展建筑铝模板、光伏产业等新兴产业。未来5～10年,我们希望成为一个高附加值的品牌,并借助'一带一路'的春风,走得更远。"奋安铝业销售总经理表示,经过30多年发展,洪宽工业村工业基础更好了,且离江阴港、元洪码头及长乐国际机场都很近,非常适合企业发展外向型经济。

事实证明，奋安铝业的战略眼光是对的。目前，位于洪宽工业村的奋安厂区年产各类产品20多万吨，产值50多亿元，产品除销往港澳台地区外，还进入了美国、加拿大、澳大利亚、日本、马来西亚、新加坡等40多个国家市场。

"当前中央提出的'一带一路'倡议，再一次给企业指明了发展的方向。下一步，我们期待借助既有的、行之有效的区域合作平台，打开中国式系统门窗的'世界之窗'。"奋安铝业负责人说。

"奋安铝业的发展壮大是福建不断加大开放开发力度的成果。"陈齐云坦言，20世纪90年代，福建外向型经济刚刚起步，洪宽工业村确立了"以侨引台、以台促侨、侨台联合"的招商引资策略，通过境外知名人士、著名企业家的带头牵引，影响带动了一批境内外客商在福州投资兴业，促进了境内外资本的对接，也助推了一批本土企业发展壮大。

2016年，洪宽工业村规模以上工业产值达278亿元，占福清工业总产值的22.2%。陈齐云表示，洪宽工业村规划的可用工业用地有9.3平方公里，已开发了6.2平方公里，入驻的规模以上企业有41家，下一步将合理运用剩余工业用地，力争引入更多规模以上的新兴企业，鼓励企业抓住"一带一路"机遇，进一步转型升级。

|腾笼换鸟，打造福清科创硅谷

当下，作为融侨经济技术开发区的骨干园区，洪宽工业村在福清市委、市政府的大力推动下，不断发展创新，实现转型升级。

抢进度、抓质量、保安全……2023年初，岁金智谷·福清科创走廊项目正紧盯施工节点，不断掀起施工热潮，力争一期项目主体结构同年3月份实现封顶。

岁金智谷·福清科创走廊是融侨开发区"园中园"重点项目，位于阳下街道洪宽工业村，项目占地面积约100亩，总建筑面积约12万平方米，总投资6亿元，将打造19栋花园式独栋厂房和1栋办公宿舍楼。项目分一、二期建设。

岁金福州城市公司总经理高远表示，作为融侨开发区高新技术产业发展平台，岁金智谷·福清科创走廊以促进区域产业"提质升级，补链成群"为目标，重点围绕智能制造、电子信息、光学元件、汽车部件等高附加值产业开展产业招商，培育高新产业发展，推动传统产业转型升级。

据介绍，该项目招商工作已全面启动，目前已完成招商5万平方米。"我们通过整合集团产业资源，以专场招商、小分队招商、以商招商等形式进行大力招商，并充分发挥企业在工业园区标准化、链条化的引领和赋能带动作用，围绕园区产业发展所需，吸引优质企业入驻，打造产业集聚、配套协同的产业生态圈，力争将该项目发展为高端化、智能化、绿色化的专业园区，为福州产业升级、全面提升产业现代化水平作出贡献。"高远说。

2023年8月，福清市洪宽片区提升改造指挥部成立，明确了组织架构、人员构成及工作职责，并在首轮入企调查中摸排用地117宗，涉及企业315家，总用地面积5756.433亩，总建筑面积2530754.9平方米，完善"一企一档"。

福清市洪宽片区提升改造指挥部揭牌

洪宽片区围绕福清科创硅谷定位，按照即编即用原则，委托福建技术师范学院团队编制《福清市洪宽片区科创硅谷产业发展规划》，邀请科创公司参与编制招商规划，并结合《福清市"园中园"企业准入、监管、服务管理办法》起草工作，一体研究形成洪宽片区相关准入条件。

如今，在洪宽工业村的强劲助力下，融侨经济技术开发区已发展壮大，成为功能完善、环境优美、主导产业链完整、投资环境优良的国家级显示器产业园区，涌现出福耀集团、冠捷电子、京东方等多家国内外知名

岁金智谷·福清科创走廊

企业，并聚焦电子信息、汽车部件、光学器件三大优势产业，打造国家级经济技术开发区、国家显示器产业园、国家新型工业化产业示范基地、国家平板显示高新技术产业化基地四张"国家级名片"，展示了令人瞩目的"福清速度"。

　　三十年感恩奋进，洪宽不移其志，不负重托，创造了赶超进位的发展佳绩；三十年风雨兼程，洪宽不辱使命，不负时代，书写了产业发展的崭新篇章；三十年深耕细作，洪宽不滞于物，不负沃土，绘就了产城融合的美丽画卷；三十年笃行不怠，洪宽不忘初心，不负相守，取得了体制机制的创新成效。

第三章 生活乐土

阳下

林徽因曾说，爱上一座城，也许是为城里的一道生动风景，为一段青梅往事，为一座熟悉老宅……

漫步阳下街道，你总能为这段话找到完美的注解。千百年时光，洒下烟火和诗意，沉淀出阳下特有的街道格调和生活美学。

工业园区里，繁茂的树木，见证着奋斗的足迹；农村小区学校，文明新风四面吹拂，是阳下新时代生活的印记；古宅古厝里，一砖一瓦一阶一石，都有说不完的故事。

阳下，像一本古老的诗集，当你穿越时光，一页一页仔细阅读，会痴迷于它的质朴古韵、繁华现代。

第一节 "yang xia"：一个古老的洋气名字

老阳下人还能记得，阳下街道最早不叫"阳下"，叫"阳霞"。"阳霞"这个起自清光绪年间的名字，一直被当地群众沿用到了20世纪50年代。

但可能连老阳下人也不知道，在叫"阳霞"之前，这片土地还曾叫"洋下"。

洋下、阳霞、阳下，"yang xia"这个几经变更的地名，蕴藏着几多故事？故事要从很久很久以前说起。

阳下街道北部有一座高山叫"犀棱山"，其西侧有一个小平顶，叫"山坪顶"。

传说六七百年前，山坪顶的西坡聚居着九十九户农民，房屋都是单层土瓦房。北端聚居的是陈氏，祖籍城头镇星桥村；南端聚居的是林氏，祖籍平潭县。在陈、林两姓交界处，建有一座小大王庙，叫"山边境"，故这个村就叫"山边村"。

很早以前，罗永还是乞丐时来到山边村，他说："你们只有九十九户人家，我也迁来给你们凑足一百户，岂不更好？"众村民见罗永满身生

阳下村大景

疮，十分厌恶，都不给他饭吃。只有北端的一个老婶妈和她的儿子十分同情他。那天正遇上下大雨，他们让罗永在柴草间里暂住一夜，并拿出半碗剩饭给他充饥。次日早晨，又给他一碗热稀饭吃。罗永很受感动，临别时对老婶妈说："你们山边村今年流行瘟疫，死去九十八户，只剩下你老婶妈一户。"

果然，当年山边村流行瘟疫，先后死去几十户人家，活着的也相继逃亡他乡，最后只剩下老婶妈母子两人，后来该村房屋相继倒塌，唯有大王庙的土墙没有倒。数年后，老婶妈母子为生活所迫，只得迁往东刘村娘家暂住。

又是几年过去了，老婶妈母子因东刘村田地少难以耕作，在娘家亲人的帮助下，又迁回山边村，并把残破的土房拆迁山下平洋，重新搭盖草房，开荒种地，繁衍生息。东刘村亲人见山边村前面的大片土地可以开垦，也相继迁来。以后山头村余氏、龙田镇施氏、江阴岛翁氏、玉塘村吴氏、积库村薛氏都先后迁来开发这片平洋，因此给这个新村取名叫"洋下村"。

原来的山边村早已变成荒山。它的名字也在人们的记忆中消失，但是，村北端的"陈厝头"、南端的"林家底"仍沿用至今。

一百多年后，洋下村已发展到一百多户，村民们集资在村西修建一座较大的"蓝田胜境"，祈求神灵保佑人畜平安、五谷丰登。

清光绪年间，洋下村民生活开始好转，重视文化教育，前后考中廪生、岁贡、拔贡和秀才数人。他们有了文化，就把村名改为"阳霞村"。

上亭村三对排（陈厝）

1954年，创办农业初级合作社时，全村划分为"霞光社"和"霞明社"。到了1956年改办农业高级社时，上述二社合并成"阳霞社"。1958年，响应党的号召创办人民公社，在党的阳光照耀下，又把村名改为"阳下大队"。

随着社会的发展，阳下先后撤社改乡、改镇，再改为街道。

2005年末，省政府批复同意撤销阳下镇，设立阳下街道。阳下街道辖原阳下镇的洪宽社区和奎岭、北林、阳下、油楼、玉岭、新局、溪头、屿边、下坝、东田、作坊、高厝、上亭、中亭、下亭、北亭、北山、上街、漈头、后坂、西洽、梨庄等22个行政村，区域范围为虎溪以东，玉屏山以西，作坊村以南，奎岭村以北，面积69平方千米，人口51036人，将原阳下镇的埔尾、芦院2个行政村划归新设立的音西街道。

2006年12月15日，福清市正式设立阳下街道。

第二节 林文镜故居：华侨离家的背影

溪头村是著名侨领林文镜先生的家乡，村内有一处始建于清末民国初，三座大小相近的两进三落四合院式民居——"林氏三对排"，靠西侧的民居就是林文镜故居。

"林氏三对排"的东边正座面阔五开间（六扇厝），进深十七檩，前有轩廊，封火山墙二坡顶、穿斗式木构架。大厅前有石板铺天井、大门、门廊及左右厢房。在三对排民居前为石铺大埕，在大埕的左前侧有一八角石井，井栏外壁阴刻有铭文，该井保存完好，现仍可使用。

"林氏三对排"做工精细，槅门窗棂的花卉雕刻十分精美。溪头村在古民居内设置了民俗陈列展馆，陈列各类民俗用品数百件。

西侧的林文镜先生故居，与东侧民居建筑结构相同，设为林文镜事迹陈列馆及孝廉文化展示馆。

走出家门，闯荡世界，小小的一方天地，是林文镜先生人生之旅的起点。多年之后，他频频回首故乡，富而思源，早在1958年，林文镜就捐资4000万为家乡兴办小学，20世纪70年代，他又在家乡捐资办敬老院、医院。多年以来，几乎是家乡最缺什么，他就捐什么。路难走，修路；上学难，捐建小学、中学、师范学校；缺水，他不仅参与引水工程，还独资治

林文镜祖居

理河道。当有人要统计林文镜做了多少善事时，才发现林文镜捐资根本没有账本。林文镜说："你问我为家乡捐了多少钱？哪有儿子孝顺母亲还要记账的！"

林文镜故居见证了他爱国爱乡、回报桑梓的赤子之心。

溪头村文化长廊

为了增加古厝的文化"含金量"，溪头村两委还修复了"三对排"古厝群中的林氏祖厝、大王庙、古井台等，并建设了一条长约百米的历史文化长廊。溪头文化长廊长约120米，墙面展示有溪头华侨文化、经济文化、廉洁文化、民俗文化等内容。文化长廊在传统元素上植入苏州园林窗花的框架特性，既艺术地展现了民风民情，又充分表达了华侨思故之意，成为溪头村点亮乡村文化的一道靓丽风景线。

溪头村文化积淀深厚，至今还保留着32座宋明清时期极具侨村特色的红砖古厝。

村两委定下规矩：古厝不准拆、不准翻建，古厝连绵处的古巷不准扩建，引导村民在古村落外有序建房；对在古厝中已建的楼房，动员村民拆除，并由村里出资恢复古厝原貌，给村民奖励；对无人居住的古厝，村里按照"修旧如旧"的原则进行保护性修复，并配备文化设施，形成传统教育中心；对完成保护性修复且无人居住的古厝，进行历史文化展示。通过一系列措施，具有传统特色的红砖古厝得以保存下来，成为溪头村亮丽的风景线。

文化和旅游融合发展，是推动经济结构优化升级、加快构建现代产业体系的有效途径。多年来，阳下街道坚持保护与利用并举、传承与创新并重，坚持"讲好一个故事，凝聚一方人心"，积极打造古民居、古寺、古祠，向公众免费开放，让更多的游客倘徉阳下美景、领略阳下文化。

从溪头村的林文镜故居到作坊村陈氏祖厝、北亭村陈氏古民居、北西亭村东漈寺等，古厝、古寺、古祠里，蕴藏的深厚历史底蕴和文化内涵被重新挖掘、打磨，成为阳下街道推动农文旅产业融合发展中的一颗闪亮之星，丰富了群众的文化生活，传承了中华优秀文化，更成为支撑阳下街道高质量发展的文化力量。

第三节 城乡融合发展

漈头村：铸就福清革命史的丰碑

阳下街道的古厝有很多，漈头村的陈氏支祠是绕不开的一座。这里有陈氏族人传承家族传统的印记，更是见证了福清地下党的发展和壮大，成为福清革命史中的一座丰碑。

来到漈头，走进陈氏支祠，想探究的心情已不只是没有缘由的好奇，更多的是一种震撼和敬仰。想知道创造了福清革命历史传奇的先辈们，如何在数百年不变的古厝格局里安处他们的精神世界。

|漈头村，福清革命的摇篮

漈头村，位于阳下街道东北部。20世纪30年代初，共产党员何文成、陈炳奎等人开始在漈头村开展革命活动。1934年1月，中共福清县委在漈头村成立。1941年4月，福平沿海抗日游击队第八中队在漈头村组建。

从土地革命战争时期到抗日战争、解放战争时期，漈头村人民始终跟着共产党干革命，前仆后继，为福清游击队输送了大量的人才。其中，10位革命烈士先后牺牲，还有28名革命"五老"人员。20年间，漈头村人民矢志不移，紧跟共产党闹革命，他们的热血与生命让这块土地上红旗不倒。

漈头村，这个至今人口仅有千余的小小村落，在福清党史上却具有无可替代的地位，被誉为"福清革命的摇篮"。

漆头村

从陈氏支祠到中共福清县委成立旧址

直到1934年之前,位于阳下街道漆头村的陈氏支祠还只是村里陈氏族人的祠堂,故事也不过寥寥几句:始建于清末,历代多次重修。直到1934年,一批福清子弟聚集在此,成立了历史上第一个中共福清县委。这座平平无奇的祠堂,开始有了神圣的光芒。

陈氏支祠建筑面积约750平方米,前有石铺祠埕,门墙上红砖下花岗石,大门的门楣上刻有"陈氏支祠"四个大字,左右设有仪门。原来,祠堂四周环有一圈二楼,还设有戏台、礼堂、神龛、祭厅等,为家族议事之地。

1934年1月,中共福清特支领导人和部分骨干党员集中在陈氏支祠开会,成立了中共福清县委,何文成任书记,陈炳奎、陈金来、余长钺、何胥陶、池亦妹仔任委员。县委书记何文成在漆头陈氏支祠内戏台对面,题下了"勤朴刚毅"的愿景,以此勉励漆头村革命群众,共同为党的事业艰苦奋斗、勇毅前行。

除陈氏支祠外,漆阳书院系陈氏祠堂的附属部分,陈氏祠堂和漆阳书院是福平沿海抗日游击队第八中队驻地旧址。

2020年10月,中共福清市委决定实施中共福清县委成立旧址提升改造工程,拆除福清市漈头革命历史纪念馆,将中共福清县委成立旧址(陈氏支祠)和附近古民居一、二号进行修缮,采用声光电等现代科技手段,结合场景、文物和照片,在建筑内部重新布展。

其中,陈氏支祠建筑面积500多平方米,布展第一篇章"勤朴刚毅·创建县委",主要展示中共福清县委成立及其活动历程;古民居一号建筑面积288平方米,布展第二篇章"星火传承·红旗不倒",主要展示福清革命历程;古民居二号建筑面积153平方米,布展第三篇章"红领聚力·筑强堡垒"和第四篇章"拼搏争先·创造辉煌",主要展示福清党建引领成就、福清经济社会发展成就、福清发展愿景等内容。

新改造提升的中共福清县委成立旧址,不仅保留了陈氏支祠和它附近古民居及漈阳书院的原貌,还增加了红色广场、环水木栈道、100亩向日葵花海等打卡点,周边设有革命史陈列馆、党建引领展示馆、红色生活馆等场馆,总占地约19亩,建筑面积1090平方米,一起被打造成全市党史学习教育阵地、党性锻炼实践阵地、红色文化传播阵地和党建成果展示阵地。

心有所信,方能行远。在红色革命精神的影响下,几十年来漈头村人艰苦奋斗,不断改变乡村的面貌。近年来,在党员干部的带头下,漈头村千方百计挖掘优势资源,加快农业经济发展,增加村民收入,并大力开展新农村建设,不断完善村庄基础设施。漈头村从一个贫穷落后的革命老区村,成为远近闻名的富裕村、文明村,不断焕发出新光彩。

如今,走进这个闻名遐迩的红色小村,宛如置身于一个没有围墙的红色大课堂,一草一木,抑或每个元素每个细节,都浸润着薪火相传的红色基因和历久弥

群众参观县委旧址

县委旧址公园

新的红色记忆。

漂亮的农家小洋房、干净的水泥路,沿途绿草茵茵、鸟语花香……当年先烈们为之奋斗牺牲的革命理想已经在漈头村一步步成为现实,红色基因也代代传承,激励着玉融儿女为实现中华民族伟大复兴的中国梦而不懈奋斗。

梨庄村·北山村:"造福工程"敲开幸福大门

福州的一些山区,交通不便,缺水,缺医少药。习近平到福州以后,在各个县都开展了"造福工程"。他经过调研,发现有的山区自然条件太差,人口稀少,一方水土养活不了一方人,就地脱贫的代价太大,效果也不好。于是,他就和当地领导商量,让这部分群众搬迁到生活条件相对较好的乡村去,转移到人口相对比较集中的地方去生活。这项工作,各个县都开展得比较多,效果也比较好。(摘自《学习时报》2020年1月20日三版《习近平在福州(十八)》)

得益于"造福工程",阳下街道梨庄旧村、北山旧村也于20世纪90年代先后启动搬迁。300多户"山民"告别世代居住的穷山沟,"下山"就业、创业,生活发生了巨变。

沿着宽敞的水泥村道来到阳下街道梨庄村，村部外的两棵大榕树上挂着喜庆的红灯笼，大树下的凉亭，古风味十足，吸引着路人的目光。闲暇时，很多村民都会来到在这里与邻居"攀讲"，回忆过去的苦日子，畅谈如今的幸福生活。

梨庄村

从全家"蜗居"在山上到如今家家户户都住上了新楼房，梨庄村的村民真切感受到了"造福工程"给生活带来的巨大改变。

曾经的梨庄旧村，位于阳下街道东北部的山上，是一个"蜗居"在山里的偏僻小山村。由于山上自然条件受限、交通不便、田地资源不足，村民收入微薄，是典型的贫困村。

北山村

村民回忆，以前每天从山上的家里到山下的田里都要花费将近一个小时，农忙时挑担负重，花的时间更长，非常不方便。农闲时大家还会在山上砍柴补贴家用，但后来，柴火也没人要了。那时不仅耕种不便行路难，村里的孩子上学、成年人工作、日常的就医都成为大难题。

同样坐落在阳下北部山区的北山旧村和梨庄旧村一样，也承受着自然环境给生产生活带来的桎梏。一些村民甚至居住在草棚、砖头搭的房子里，生活艰苦。

从世代"蜗居"的山林搬到山下新村，村民们的生活一下子多了新鲜味道。以前，村民住在山上只能烧柴火，出门靠走路，现在，交通方便不说，空调等家电也一应俱全，孩子还能就近上学。

流溢。

松涛园的一隅，耸立着青少年文体活动中心，室内各种文体活动设施完备，是附近青少年健身锻炼的乐园，也是周边民众周末和假期游览的好去处。

说起建设洪春松涛园的缘由，这里还有一个小故事。据说，某一次林文镜与溪头乡亲聊天时，一些长者对他说，现在日子好了，就是一辈子都没有逛过公园。于是，林文镜决定捐建一座公园。

林文镜先出钱购下了乱石滩，清理掉整整50车大小石块，再从外地购买了近百车沃土，挖掘了一个绿湖，尔后从全国各地引进奇石名木异花，因为奇松甚多，加上林文镜自小酷爱松树品格，所以为公园起名"松涛园"。这是福建第一座建在乡村里的公园，也是全省第一座农民公园。林文镜遵照母亲的遗嘱，从父亲和母亲名字中各取一字，命名为"洪春松涛园"。

松涛园建成后，免费向公众开放，林文镜出资养护，所有管理人员的工资、奖金也全由林文镜承担，成了福州最早的一批免费公园。

2006年，林文镜再次捐资千万，扩建松涛园，增添了儿童乐园、少年游戏场、台湾名优果树观光园等。观光园里拥有50余种近万株台湾名优果树。2010年，林文镜再次出资，与福清市政府联手在此建设青少年课外活动中心，目标是将之打造成福清青少年课外学习、锻炼、娱乐的第二课堂。因为园内风景优美，松涛园还成为福清市众多婚纱影楼的绝佳外景地。

十余年来，松涛园不断扩建，现面积已达300亩，早成为福清市民主要休闲区之一。

第一座记录华侨华人造福家乡的组雕

松涛园里最引人注目的，当属两面花岗岩浮雕墙，这是第一座记录华侨华人造福家乡的组雕，于2017年建成。组雕由两座花岗岩浮雕墙组成，每座浮雕高3.5米，宽68米，由闽江学院美术学院设计，雕刻由省内知名石雕

专家团队完成。

两座浮雕墙以时间顺序排列组合，从福清华侨沿着海上丝绸之路离乡南渡开始，展示了以林文镜为代表的福清华侨通过艰辛拼搏终成一代侨商的经历。紧接着，以"改革开放的春风激荡起华侨回闽"为主题，记录了福清华侨回乡投身改革开放大潮的过程，分别展示了福清融侨经济技术开发区的诞生，林文镜等华侨捐巨资为家乡修桥铺路、创办学校、兴建水库、建自来水厂、改造墨汁河、引入万门程控电话等善举……雕塑群还形象地介绍了江阴港从一个贫穷落后的小渔村变成现代化大港的发展经历。

洪春松涛园里，一处假山瀑布有林文镜亲笔题写的"故乡水永不息"六个字。这六个字，既是建造者林文镜先生热恋乡土的心声，也寄寓了他对后人的殷殷期望。桑梓情源绵长，林文镜在家乡捐赠或投资的项目也多以父亲名字命名，让人们感受到他在心系故乡的同时，也缅怀父母、铭记孝道。

第四节 古民居：一砖一瓦皆有故事

作坊村陈氏祖厝：福清第一厝，一根横梁价值13亿元

奠基花了27年、一根横梁价值13亿元，被称为福清"第一厝"的古民居，指的是阳下街道作坊村的陈氏祖厝。

圆径达50厘米以上的金丝楠木横梁，保存完好。

据来此考察指导修缮的省级专家初步评估，这根金丝楠木横梁价值13亿元人民币，国内罕见。据媒体报道，北京和珅故居里有根金丝楠木经专家评定价值27亿元人民币，而作坊村陈氏祖厝里的这根金丝楠木，无论长度，还是圆径，都要比和珅故居里的金丝楠木长出许多，大出许多。

大厅有10根大柱，柱子下方有雕刻精美图案石磐，有圆形，也有方形。屋顶有9根横梁和4根双重的底梁，厅前屋檐有6根梁，每根长15米。大厅上方正中间的底梁，如今依然红漆鲜艳，梁上用金粉描绘的3个"寿"字和6只蝙蝠图案，依然清晰可见，"三六九"，意喻着福寿无疆。

最令人惊奇的是，陈氏祖厝到处可见雕梁画栋，其规模为福清鲜见，几乎每一面墙壁上，都有雕刻物。其中大厅第二道门上方的墙上，是三块巨大的紫檀木浮雕山水花鸟图案，中间浮雕的最上方是8只仙鹤、4只锦鲤，菊花、牡丹花、海浪，呼之欲出。左中右3块浮雕木块上分别刻有："孝友传家政，诗书启后谟""冠冕通南极，文章达上台""阳回君子宅，天相吉人家"对联。

一进后厅深5米，连接着二进天井。天井深6米，宽12米，左右布局与一进天井一样，只不过到二进正堂落差60厘米，有5级台阶。正堂的布局、结构与一进大厅一样，抬眼望及，尽是雕梁画栋。出了正堂，后面是4米深的后堂。第三进为深3米、宽22米的后花园。

这座房子里，民国期间曾出了一个名叫万清的富翁，相传当年县城北门外的土地皆是他家所有。现代出了一个副部级官员。改革开放后，随着村民生活水平的不断提高，原有住户都搬出古厝，现无人居住。

|陈氏祖厝是怎么建造的？

关于作坊村陈氏祖厝是怎么建造起来的，陈氏家族的后人们说，作坊村陈氏的祖籍原在北西亭，因兄弟多，宅邸小，其中有一两个于明末清初来作坊村摆摊卖水，开一家小店铺，招待过往行人。

历史上，作坊村是漳州、泉州、兴化等三府通往福州的必经之路。古代的作坊村为一条街，沿街有当铺、裁缝店、打铁器店、饭店、布店、客栈、土特产、百货、食杂、鱼货等商铺，还有豆腐、米粉、糕点、榨油等小作坊，"作坊村"因此而得名。

陈家兄弟在此生意兴隆，口碑甚好。

有一天晚上，一对夫妻同时做了一个梦，梦见一妇女跪在夫妻俩面前说，她落难，恳求收留，明天看到一个头上戴着一朵白花的人，便是她。夫妻俩同时惊醒，同时道出同一个梦境。"我们就收留她吧！"夫妻俩决定。第二天早上，夫妻俩早早地开门等候，左等右等，过了晌午却不见有人经过。到了傍晚，快打烊时，还不见人来，夫妻俩正在疑惑中，只见一黑色母猪径直走到店前，停了下来不走。这时，夫妻俩同时看到母猪的头上有一撮白毛，好似一朵白花，便收留了它。

作坊村

作坊村常德公园

作坊村脊长亭

母猪被收留后，被放养在屋后。一天，夫妻俩看到母猪在拼命地拱荒地里的小丘，竟拱出一大缸大银，夫妻俩喜上眉梢，认为是上苍托梦所赐，准备用这缸大银盖房子。但盖在哪儿呢？夫妻俩想，既然是上苍给的，那就上石竹山抽签、祈梦问个仔细。

那天，陈家兄弟上石竹山祈愿。正好那天是农历十五，详签的人很多，大家都排着队等候详签。陈家兄弟等不及，便挤进人群问详签师傅："给看看，我家的房子起（盖）哪儿？"师傅见他插队，很生气，连看都没看便训斥道："起起起，起你老婆的脚关下（胯下）！"

陈家兄弟以为是谶语，便高兴地赶回家，正好看到老婆在拔"羊讫"（方言，一种铁器，末端尖锐，上端有孔，系拴羊的绳子，羊绳约3米多。用石块击打这种铁器，使之深入地下，使羊在固定的一定范围内吃草，不用人工放牧，过一段时间只需抽空来拔出铁器，换一个有草的地方再固定"羊讫"，使羊在另外一个地方继续吃草，基本上能保证羊面前吃饱，这种羊是成年羊，哺乳期羊羔跟随"妈妈"，不拴绳子），遂在她胯下做了记号，说："就是这！房子盖这里！"

不承想到，在挖地基时，又挖出一大缸大银，遂又建第二座。建第二座时，又挖出大量银子，后来又并排建了3座。

作坊村陈氏祖厝经过二百多年的风吹雨打，有一些破损。为了使中华传统古建筑得以保存与延续，2018年11月，陈修俊捐款200多万元人民币加以修缮。

修缮前，陈修俊多次邀请省里古建筑和文物保护专家前来指导，在专家们的悉心指导下，陈修俊依靠自己的古建筑修复团队，并聘请几十个莆田籍砖土工匠，专门修复屋顶、地面、墙体。邀请江西籍经验老到的木工，修复门窗户扇。他还把家里珍藏了几十年的好木头精心挑选出来，用于修缮。

值得一提的是，省级专家一行看到作坊村修缮陈氏祖厝，感到十分震撼。专家认为，这座古民居的修复，对促进作坊村乃至阳下街道的乡村旅游都有重大意义，希望有关部门能把这座古民居纳入文物保护范围，加以保护。他们对陈修俊挺身而出修复古民居的义举由衷地敬佩，并给予了极高的评价。

作坊村陈氏古民居：一座古厝建了30多年

陈氏古民居群，位于阳下街道作坊村，坐北朝南，主座居前，始建于清朝嘉庆元年（1796），后三栋于清朝光绪二十八年（1902）扩建。

▎梦占吉地

话说作坊陈氏太高祖崇禹公（字昌言）夫妇于乾隆末年殁于潦头村溪边厝，传三子——魁明、魁益、魁升。三子个个胸怀大志，善于置产，拥有大厝良田，族人恶之，欲占其家产。情急之下，魁明偕弟卜迁作坊村。初来乍到，暂住馆店，后子嗣衍发，居所拥挤，遂萌生再建新居的念头。

为选择吉地，魁明公前往石竹山仙君庙祈梦，仙君在梦中暗示："欲盖屋，盖在尔妻胯下。"如此蹊跷梦语让魁明公百思不得其解，妻子的胯下怎能盖屋？当他悻悻归来之时，临近村口，见其妻正蹲下身子将羊橛（牧羊时以长绳一端套羊颈，另一端固定在羊橛上，用于控制羊在一定范围内吃草，羊橛通常为铁橛，有的也用木橛替代）捶进地里，魁明公恍然大

作坊村陈氏古民居

悟：原来仙君在梦中暗示我的盖屋吉地，就在其妻打羊橄的那片青青草地上，魁明公欣喜若狂。

厝址已定，魁明公命睿智的次子陈天际负责建厝工程。陈氏家族建厝的大幕徐徐拉开了。

梦占吉地，给陈家带来莫大的欢喜。而相传在第一座房屋破土动工时就挖到一批金银财宝，而第二座房屋挖地基时又挖出几瓮金银，这些财富的到来给陈家建厝注入不菲的资金，让日后所建的房屋一座比一座来得好。

大闹瓷店

陈天际受父之命负责建厝，凭着他的精明强干，曾有声有色地上演了一场与瓷器店老板讨价还价机智砍价的佳话。

在修建大厝时，建造马头墙要塑造各种花鸟鱼虫图案，除了使用糯米、泥土、石灰、桐油和水外，还需要采购五颜六色的瓷器碎片，以便黏贴成泥塑模型。而瓷器碎片要到福州购买，古时交通不便，从作坊村去福州要翻越石湖岭，一路步行抵达长乐坑田码头后，再渡江北上，长途跋山涉水又不得不考虑路途安全。机智过人的陈天际乔装成一个庸俗的乡巴佬，他身穿一件补丁长衫，头戴一顶草帽，脚穿一双布鞋，手拿一根木棍，匆匆上路了。

陈天际到了福州中亭街，在货比三家后，将目光锁定一家瓷器店，他不停地向这家瓷器店的老板讨价还价，弄得老板心烦气恼，老板嘲弄取笑他："如能买走店里全部瓷器，只要你付三分之一款。"面对老板口出狂言，陈天际怒不可遏，他扬起手中的木棍，让它来跟老板叫板：噼里啪啦，噼里啪啦……店里的瓷器顷刻间被陈天际手中的木棍打得稀巴烂。陈天际说："全买了，按三分之一结账。"这种情形是瓷器店老板始料未及的，一个乡巴佬竟敢大闹瓷器店！但一切为时已晚，只恨自己出言不逊，招惹是非，只好默认屈从于这桩亏本的大宗买卖。

陈天际的一根木棍打出了智慧！街头围观的群众无不拍手称快，无不刮目相看这位其貌不扬的乡下人。不能不让人信服他的足智多谋，佩服他的一身豪气。

| 运送横梁

第三座古民居的厅堂上高悬着长达14米的楠木横梁，置身其下，举目仰视，真有泰山压顶的感觉。

这根了不起的楠木，当初究竟是如何从深山老林走向平地，千里迢迢来到作坊村安家落户的呢？

据陈氏老人陈述，在建好第二座新厝后，还有资金盈余，再加上第二次掘到的几瓮金银，建厝资金绰绰有余，族人合议，建筑用材应该更为考究，于是决定购买楠木为横梁。刚好陈氏天喜公中举后，在永安当知县，永安又是楠木产地，有了如此有利的条件，购买上好楠木不成问题，只是运送楠木会遇上困难，但族人认定：有了钱，即使有再大困难，也将迎刃而解。

在知县大人的亲自安排下，陈氏家族自永安上府山购买楠木大树一株，雇工护送，从上府山上自溪流江河漂流到长乐坑田渡口，再自长乐坑田渡口起运，从陆路好不容易运回，共耗时月余。

水陆运输大树，动用劳工百余名。运树途中，踩踏作物，悉数赔偿。在这支浩浩荡荡的运树长龙后面，跟随着一位身背钱袋的陈家要员，他专门负责沿途发放工钱和理赔事务。

| 名士赠联

作坊村紧傍石湖岭，在福清与长乐两县的交通要道旁，清朝时设有驿站。

一天，夕阳西下，寒风凛冽。此时，行色匆匆的官员和客商纷纷歇马作坊村。呼呼的北风吹来四方宾客，留住了南来北往的商旅，更令人惊喜的是留住了三位举世瞩目的贵客：郑元璧、方赞汤、陈裳。这可乐坏了当地乡绅陈天际，一座又一座的新厝正在拔地而起，如有名人撰写名联以壮我族声名，岂不美哉！如此千载难逢、锦上添花的天赐良机一定不能错过。

陈天际素来善于审时度势，且以喜好结交名士而遐迩闻名，又逢三名士不期而至，天留客、人留客，正好成全了一场非官方的风云际会。

当晚，陈天际大摆筵席，热情款待三位不约而同前来的贵客。席间，名士与乡绅各行宾主之礼，共度美好时光。酒后，三位满腹经纶的文人雅士，应主人之邀，欣然命笔，撰写三副赠联。联曰：

入室有余馨谢草郑兰窦桂树
传家无别物唐诗晋字汉文章

（郑元璧题）

颖水振宗风朔两京骏绩薇紫杏红百代衣冠华胄
滦阳绵世泽羡四牡冯猷文经武纬千年科甲名宗

（方赞汤题）

存心本以仁明孝义笃恭敬师孔宗周用守达人典则
体育原同智说诗书敦礼乐修文尚武克成爱国谟猷

（陈裳题）

字字句句，无不合乎封建文人雅士的礼仪风范。陈天际的一番盛情款待，赢得三名士欣然赐墨宝。

陈天际当年摆酒迎宾，喜得赠联，让其进驻陈家第三座新厝，赢得满堂生辉。陈天际"借名士之笔，扬宗族声威"，也成就了这位陈氏掌门人的一段骄人的风采。

北亭村陈氏古民居：灶台、缝纫机与八步床的秘密

在北亭陈氏古民居，每一扇门、每一根柱、每一间房都会讲故事，讲烈士余长钺与三姐余惠忠的故事，讲余长钺与姐夫一家的故事。

灶台的故事

余惠忠是余长钺三姐,出生于1912年,比余长钺大六岁。余家三女二男,余长钺的父亲余孔封和大哥余长骝在印尼经商,大姐早夭,二姐余长彬在外读书,守在阳下村老家的,唯有老母亲和三姐。在家中,余长钺与三姐最亲,三姐出嫁时他哭得像泪人,送姐姐出嫁时,他第一次到了北亭陈氏古民居群。

三姐夫陈齐钧家族当年是方圆百里数一数二的大户,而且从嘉庆年间一路富到民国,拥有良田3000亩。但到了晚清,这个家族转向推崇学业报国,子弟以致力新学为主,陈齐钧就是在省城福州读的师范学校。

接亲时,初次见面的陈齐钧拍了拍这位还是孩子的小舅子的脑袋,说:"别哭了,这里以后也是你的一个家。你常来玩。"

只是余长钺读初中时,就开始投身革命。后来没有多少时间来玩,每次到来都是有事。他和战友没地方吃饭,就到三姐家蹭碗饭吃。无论是否过了饭点,姐姐都会亲自下厨给煮好吃的。有时晚上很迟了,余长钺带着人突然来到北亭陈家,姐姐都会点灯上灶台,炖肉、炒菜、做饭,让弟弟和他的战友们吃得饱饱的,以致婆家的老人一看到灶台有灯光,就会对佣人说:"是忠的细弟(小弟)来了吧?我这里还有别人从省城带来的点心,你拿去给忠的细弟吃。"

余长钺遭通缉后,躲在东漈寺后面的山上,没有饭吃,让人送口信给姐姐。余惠忠做了几道弟弟最爱吃的饭菜,还特意去买了一些福清光饼,自己又炸了十来个海蛎饼,把这些弟弟爱吃的食物,通通装进食盒,再带上香烛,扮成到寺庙烧香的香客进山,给弟弟送饭。

缝纫机的故事

1934年6月南西亭暴动时,打出两面红旗,十几位北西亭地区参加暴动的武装人员还佩戴了红袖章。这些红旗和红袖章,就是在北亭陈氏古民居里制作的。暴动前,余长钺取出家里的红布料,抱到三姐家,让姐姐用缝粉,所以百多年了还闪闪发光。"

原来这床是1918年余长钺出生那年,父亲余孔封花大价钱聘请莆田木工做的,雕刻也是请了莆田最好的师傅。余孔封最后还说:"好马用好鞍。描金别用油漆了,用最好的足金吧!"据说,当年这张床仅描金一项,使用的黄金就有一两半。时至今日,这张余长钺从小睡到大的"八步床",描金依然耀眼发亮。

福清新民主主义革命历史中,先后涌现过成百上千的革命烈士。而像余长钺这样含着"金汤匙"出身、睡着"金床铺"长大的富家子弟,却宁可抛弃优渥生活,舍生忘死投身革命,更加值得我们深深敬仰。

他们,曾经跟我们一样,都拥有花样的青春年华;他们,本该跟我们一样,都可以在学校里面静静求知。但他们,为了自己的坚定信仰,义无反顾,砥砺前行,为民族独立、人民幸福,不惜奉献青春、挥洒热血!

来源:玉融逸闻,根据《余长钺烈士革命的一生》及相关资料整理

北西亭村陈氏宗祠:富家千金勇敢追爱

北西亭村漈阳的陈氏宗祠,亦称"海谷公祠",坐落于阳下街道中亭村。始建于明嘉靖六年(1527),坐西朝东,占地面积520多平方米。

陈伯谅是陈海谷的次子。海谷为漈阳陈氏二十世祖,生五子:长子伯谦(五舍),次子伯谅,三子曲溪,四子四榕,五子南山。

明孝宗年间,陈氏海谷公的二儿子伯谅的婚姻大事颇显曲折,却也传为佳话。

陈伯谅有兄弟五人,皆身强力壮,聪明活泼,各有志向。唯伯谅格外眉清目秀,喜读经书,志在功名,深得父母和外公喜爱。至成年订婚,对方为豪门女子,很让诸兄弟羡慕。不料未婚妻过于贪富厌贫,要解除婚约。

案子吵到公堂,当时断案公堂设在海口,据传衙门长官是看相高手,一见到陈伯谅,就知他前程远大、仕途亨通。衙门长官深悔自家三个女儿

海谷公祠

都已嫁人，要不然，一定与陈家联姻，将来翁婿同为朝廷命官，定是洪福无边。

陈伯谅与未婚妻解除婚约的消息不胫而走，一传十，十传百，传到邻村玉街村，惊动了林员外三位深闺待嫁的女儿。

这三姐妹相较而言，大姐长得最丑，但最聪明。

林家大小姐早就动过与陈家二公子喜结连理的念头，只恨传情无门，事已至此，料想如今正是求爱的大好时机。她当然担忧，一表人才的陈家二公子怎会看中一个相貌平平的女子呢？但是她按捺不住心中熊熊燃烧的爱火，决定在婚姻大事上冒险拼搏。

陈家耕地很多，蓄养五头耕牛，陈家兄弟经常在玉街村田洋的草地上放牧耕牛。一天上午，林家大小姐伺机走出家门，来到草地上，看四处无人，将陈家耕牛的绳索一一解开，五头耕牛活蹦乱跳闯入林家稻田，耕牛们大快朵颐，一个上午，吃掉林家水稻秧苗三亩。

林家告知陈家耕牛吃秧苗一事，说是陈家故意毁坏林家庄稼，官休私休，任凭选择。倘要私了，务必请陈家二公子来舍谈判，调停此事。

翌日，陈伯谅身着一袭长衫，前往玉街，希冀调解成功，息事宁人。

一进林府，陈伯谅丝毫感受不到有一点儿结怨寻衅的气氛。林家三女在大厅悠然织布，怡然自乐。伯谅的到来让她们眼睛一亮。她们翩然起身，款款退避闺房。不知是有意还是无意，林家大小姐行动最慢，眼睛一直望着伯谅被穿堂风掀起的白内衫，可万万没想到，伯谅的长内衣竟缠在了身旁一架织布机上。林大小姐红着脸蛋，欲上前相助。伯谅慌乱之中，向她作揖致谢。此时，林员外正好来到厅堂，眼前境况一目了然。他想，难怪女儿们指名要陈家二公子前来调停，也庆幸自己听了女儿们的意见，一切都在心领神会之中。于是林员外笑脸相迎，备茶让座，长辈后生屈膝长谈，老人只问及陈家家事，未言及耕牛作祟。后生屡屡欲言中正题，长者每每转口言他，且春风满面，心旷神怡。送走客人后，隔日林家委派的媒婆即上了陈家的门。伯谅念及林大小姐的一片心意，欣然答应了亲事。

陈伯谅谈判未开言，而婚事已成。没想到向林大小姐的那一揖，就注定了与她今生今世的姻缘。

此后，陈伯谅赴考高中，官至御史，为两京学政提督。明嘉靖六年（1527），巡按福建监察御史胡文龙、福州知府汪文盛、福清知县陈迈为纪念陈伯谅英勇抗倭功绩，在西亭村街中心建"两京文衡坊"，人称"陈伯谅坊"。人们都说，多亏林家大小姐是个旺夫的贤内助。

两京文衡坊

第五节 阳下街道乡贤馆：装满游子的回忆

一座乡贤馆就是游子对家乡的一段深情回忆。阳下街道以乡贤馆为载体，挖掘乡贤文化内涵，保护乡贤文化资源，记录乡情、留住乡愁、传承根脉，增进在外乡贤的情感认同。

阳下街道乡贤馆位于洪春松涛园青少年活动中心，是利用场馆闲置空间建设打造的，区位优越、配套齐全，总面积660平方米，其中展陈空间539平方米，附属设施121平方米。

馆内分为"习近平总书记重要讲话""前言""阳下印象""古代先贤""革命英烈""人民公仆""海外侨贤""乡梓先锋""后记"九个部分，多角度彰显传统乡愁文化，集中展现了阳下乡贤风采，具有鲜明时代特征和区域特色。

在乡贤馆入口处，写有"融和向阳·搏拼天下"二词，象征着福清的精神，而其中具有奥秘之处的是，这两个词语的末尾组成了"阳下"二字，代表着新福清的精神在阳下的传承和延续。进入馆内，简约复古的空间设计、明亮柔和的灯光，给乡贤馆营造了一种厚重感和历史感。

阳下街道乡贤馆

馆内长廊两侧墙面图文并茂，或辟专人专版，或勾画集体群像，带领我们探索优秀乡贤的种种事迹，领略百余位阳下乡贤的风采，敬佩之心油然而生。

乡贤馆里，最引人津津乐道的当属著名爱国侨领、阳下乡贤代表林文镜先生的事迹。乡贤馆着重介绍了林文镜先生积极投身家乡建设，成就福清快速发展的光辉历程，展现了阳下乡贤深厚的爱国情怀和独特的战略视野。

林文镜先生1928年3月出生于阳下溪头村，是著名华人企业家和杰出侨领，也是福建融侨集团的主要缔造者以及印尼"林氏集团"两大股东之一。

1936年，林文镜先生同母亲离开福清，到印尼跟随父亲做生意。1945年，父亲去世，林文镜不仅承担起养家的重担，还从跑单帮开始闯入商海。到20世纪60年代末，他先后开办了20多家企业。后来，林文镜先生还与父亲的一位朋友合作，成立了著名的林氏财团，创办了世界上最大的面粉厂和水泥厂。

"此生只有一个心愿，就是要让我的家乡不再贫穷。"这几乎成了他的座右铭。也正因为如此，在林文镜先生回到家乡后，第一件决定要做的事就是帮助家乡脱贫致富。几十年来，林文镜先生为家乡发展倾注心血，全力创建了融侨经济技术开发区和元洪投资区。林文镜先生还积极推动江阴港的开发建设，没有林文镜就没有今天的江阴港。

不仅如此，他还担任"福清招商大使"，邀请来自世界各地的企业到福清投资发展……林文镜先生的爱国爱乡精神，在福清的家乡发展史中，镌刻了永不磨灭的丰碑！

2018年7月，林文镜先生溘然长逝。

除了林文镜先生以外，阳下还拥有众多的爱乡华侨，他们热心公益，回报故里，留下了一段段被世人传颂的佳话。

林宏修先生1951年出生于印度尼西亚，祖籍福建福清，系林文镜先生长子，澳大利亚新英格兰大学经济学士学位，现任融侨集团董事长兼总裁。

林宏修继承了父亲林文镜的爱国爱乡情怀，坚持企业发展与社会责任的互相反哺，积极参与国内慈善事业。多年来在参与家乡建设方面作出了突出贡献，同时还成立了"林文镜基金会"，开展公益慈善事业，积极履行社会责任。据不完全统计，林宏修和父亲林文镜多年来带领集团在慈善事业上捐款超过20亿元。

吴孝忠先生1945年7月出生于阳下街道新局村后垄自然村，1972年赴香港打拼谋生，通过经营土产生意，收获了人生的第一桶金。20世纪80年代，吴孝忠先生独资创办了三星塑胶制品有限公司，所生产的塑料袋制品广受市场欢迎。

吴孝忠热心家乡公益事业，曾捐助福清甲子中秋灯会、龙华职业中学、后垅村影剧院等公益项目，累计金额超500万元港币。不仅如此，他还时常关心家乡的亲友长辈，为村里的老人提供生活补助。

余长资先生（1898～1971）曾任福清县立中学及文光中学教员，1950年作为福清县人民政府特邀代表，参加福清县第一届各界人民代表会议。1951年，他南渡印尼经商，成为中联公司股东，并兼任泗水玉融公会顾问，积极参与爱国社团活动。福清筹建华侨中学及侨联大厦时，余长资先生积极捐献，并踊跃认购省华侨投资公司股票。

方明梧先生（1916～1998）于1935年前往印尼谋生。改革开放初期，为了助力家乡经济建设和各项公益事业，方明梧先生虽年事已高，却经常奔波于福清与印尼之间。1980年，他促成蔡云辉先生出资2000万港元，助力家乡福清建成华侨罐头厂。同时，他自己也慷慨解囊，捐出200多万元为家乡修建村路、老人活动中心、教学楼、影剧院，并赠送拖拉机、电影放映机等。

林运茂先生1930年7月出生于印尼，祖籍阳下街道溪头村，系著名侨领林文镜先生的堂弟。改革开放以来，林运茂先生协助堂兄林文镜先生，参与家乡建设，长期负责洪宽工业村、融侨工业开发中心的管理工作。多年来，他一直不忘林绍良、林文镜两位先生的叮嘱——反哺家乡，回报桑梓，热心公益事业，积极为福清发展贡献力量。

余长彬女士（1910～1996）毕业于毓贞女中（福清二中前身），系余长钺烈士二姐，1939年南渡荷属爪哇，执教于印尼泗水埠侨办中学。

1996年，余长彬女士在印尼雅加达病逝，在遗愿中，余长彬女士向母校福清二中捐款250万元，用于建设余长彬大楼（科技楼），并向家乡阳下小学捐资50万元，用于修建长彬楼。

余长平先生（1926～2009）1962年前往新加坡经商，事业有成后，他时常为家乡的公益事业慷慨解囊，修桥铺路、助学兴教、济困扶贫……1956年，他发动家属和海外华侨集资为阳下小学建了一座教学楼。1984年，为纪念余长钺烈士，余长平先生和长兄余长经先生向政府申请，带头出资在阳下村口大路旁为余长钺烈士立纪念碑。

乡因贤名，贤因乡盛。近年来，阳下街道将乡贤馆作为集聚乡贤资源，宣传优秀乡贤、弘扬乡贤文化的重要载体，更进一步记录了乡情、留住乡愁、传承根脉，往者宜可承，来者尤可追。

第六节　文化雨露滋养百姓生活

乡土文化的根，深扎在民间，阳下乡村老百姓沿袭的古老习俗，许多看似平常，却无不寄托着先辈对美好生活的向往。

▎挑猪仔要配水桶

阳下农民每办一件事，都想图个吉利，博个好彩头。比如，抓猪仔回家一事，有的农民用竹筐装着一只猪仔，而扁担的另一头却是一个装满水的水桶。奇怪的是，许多农民不觉得水桶太重和多余。据说，因为有了水桶，预示着小猪食欲好、胃口大，小猪能吃又能长。这个简单的习俗，在养猪户中广为流传。

▎钉檩条不能拼接

在建房方面，农民总是郑重其事。在阳下村，有的农民追求好风水好运气，当建房建到上门石、上屋梁时，都要放鞭炮，增添喜气。特别是上屋梁时，主梁要披上红布。钉檩条时，师傅会把屋脊伸到墙边的两根中檩尾部稍微拉开，以示房主能发、能生，人丁兴旺。选择中檩讲究"完美"，不能多片拼接，檩条要整条从头到尾贯穿，其中蕴含着"一脉相承"的玄理。

▎"占柴片"约束贪婪

阳下群众在工作劳动中有一些特殊的习俗，如上山砍柴，遇到满意的木柴，一时又难以砍完，须留待改日再砍。这时，就会在柴草边上割上几

北西亭村村民春节娱乐活动

把，铺成一行，算是作标记，说明柴片已有主了，俗称"占柴片"。别小看这只是小动作，其实这是一种约定俗成的标示，约束着人们的行为。

泥瓦匠收工不洗刀

阳下乡村泥瓦匠在收工时，砌墙的瓦刀是从来不洗的，只是抓起稻草擦掉泥灰。不是没水洗刀，而是因为"一洗就洗去生意"，当然工匠们也就不敢洗了。这约定俗成的习俗，在泥水匠队伍中代代相传。

煨"火姆"

旧时，每逢大年三十晚上，阳下乡村老百姓会在灶窝里放上一块木头，让它慢慢燃烧。初一早上起来煮面时，不需要再生火，只要吹一下，火就旺起来，表示吉利，这就是北西亭村煨"火姆"的习俗。

出灯

北西亭村"出灯"活动，是在元宵节晚上六点多开始。通常是在西亭胜境前面的大埕集中出发,出灯队伍由男村民和男孩子组成。按规矩,去年生男孩子的人家,都要买几百枝红烛,在出灯队伍经过时,给参加出灯的人分两支红烛,表示祝贺。出灯队伍一般有二三百人,如果遇到雨天,人数会少一些。参加出灯的人每人手上都提着一盏写着"百子千孙"或"风调雨顺""五谷丰登"等字样的灯笼,里面点着红烛,排着长队,从西亭胜境出发,走在小道上,远远看过去,像一条火龙在蠕动,场面十分壮观。队伍经过五显堂、洋中厝、庄厝底,过了鸭姆桥,到达妈竹头厝,就可以提着灯笼各自回家了。

积"假水"

以前,腊月三十日下午,北西亭村的男人要去挑水,把几个水缸装得满满的。因为初一、初二都不能去挑水,要等到初三"开假"才能出去挑水。另外还要安排好几个大木桶,把初一、初二两天洗脸、漱口、洗手、洗脚、洗碗、洗筷子、刷锅的水倒在预先准备好的木桶里,俗称积"假水"。要等到初三"开假",才可以把积下的"假水"倒入水沟里流出去。

点"岁火"

点"岁火",就是分别在大年三十(小月廿九)和正月初一、初二、初三、初四、初七、初九、十五晚上,在房间里点油灯,到第二天早上才能把油灯的火吹灭,但是讲话不能讲"吹灭",因为"灭"不吉利,只能说"把火寄起来,等晚上再亮"。点"岁火"习俗,表示人间新岁开始,大放光明,五谷丰登,六畜兴旺。

点"烛山"

村民家里上年有人生了男孩子,要于初四或初七、初九、十五日中任选一天晚上在大王庙或自己的大厅上点好多好多的红烛。这种红烛用山芦苇做脚和芯,可以插在烛钉上点起来,是以牛油为原料加工成的,叫做"牛油烛"。所谓"烛山"就是用长木条制成长2~3米的三层、五层、七层的架子,上面钉好多插红烛用的"烛钉",一架可以插上百根红烛,一般要用三架，有的也用五架。村里还未生下男孩的妇女，可以等到活动结束后，拔两根红烛拿回家去，点在房间里，希望明年也生男孩子。

祭祖

正月初七为"人日"，这一天是北西亭村陈姓子孙祭祖的日子。按规矩，年满50岁的陈姓子孙都可以参加祭祖活动，但妇女不能参加。同时还规定，中了秀才、举人的男子，不受年龄限制可以参加祭祖活动，后来废了科举，就改为小学毕业生、中学毕业生不受年龄限制，可以参加祭祖活动。

在举行祭祖仪式时，要选出20多位秀才（后改为中、小学毕业生）读祭文，并要选出一位辈分最高、年龄最大的人担任主祭。祭祖仪式结束后，把猪头切下来，送给主祭人，读祭文的学子也会分到一斤猪肉作为酬劳。最后，把剩下的三牲祭品拿到厨房里烹调，由参加祭祀的子孙共享。

龙王看戏

正月初十，漈头村家家户户都要过节，在陈氏支祠内演戏，一天两场，请东漈寺龙宫的龙王前来看戏。东漈寺龙宫有四位龙王，没有全部请来，只请白脸龙王和蓝脸龙王来看戏，当天中午请来，晚上戏演结束后，就要送两位龙王回宫。据称，不请红脸龙王和黑脸龙王是因为黑脸龙王一出宫，天会下大暴雨，酿成水灾，红脸龙王一来，天就要大旱。初十日演戏请两位龙王看，是祈求风调雨顺，五谷丰登，让村民过上好日子。

庆元宵

元宵节这天，北西亭村和上街村都要请戏班子来演戏，从晚上演到第二天天亮结束，称为"透夜戏"。西亭村是在四榕公祠演戏，这戏是演给西亭胜境中的娘妈看的，俗称"娘妈戏"。中午就把娘妈和陈靖姑的雕像请到四榕公祠来看戏，这一天的戏是要让女人看的，大厅中间的好地方都要让给女人，男人只能站在两旁看，不能同女人争地盘，这是祖上规定的。

第七节 民生事业发展，筑就生活乐土

近两年，阳下街道的教育事业迎来大发展：福清市实验小学虎溪校区、福清市市直幼儿园（虎溪分园）先后于2022年9月投入使用，为阳下街道的教育配套再添新助力。

福清市实验小学虎溪校区总投资1.6亿元，用地面积63.37亩，总建筑面积36291平方米，共有7栋建筑，其中教学楼3栋，综合楼2栋，图书馆1栋，体育馆1栋。设置54个班级，学位2430个，生均用地面积16.46平方米。

作为实验小学的分校，实验小学虎溪校区秉承"五福教育"理念，探索"五福至善，五育并举"的育人模式，努力做幸福教育，办有福学校，育有福之人。

福清市实验小学虎溪校区

福清市市直幼儿园（虎溪分园）位于阳下街道奎岭村虎溪路，办学规模为18个教学班，可提供540个学生席位。该项目总投资5361.12万元，总建筑面积9758.97平方米，绿化面积4718.52平方米，户外可供活动面积7731.16平方米。

福清市市直幼儿园

福清市市直幼儿园设有教学综合楼、多功能活动室、专业教室、寝室、食堂以及篮球场、足球场，还有孩子体能训练区、游玩区等。结合生态环境，该幼儿园还创设绿地、沙地、野战区、壕沟等户外活动区域，以满足幼儿自主探索和自由活动的需要。

实验小学虎溪校区和市直幼儿园（虎溪分园）的投用，填补了阳下街

环城路两侧楼盘

道教育配套的短板，满足了中庚香汇新时代、中庚香澜、恒大御府、汇成天悦等新楼盘的儿童入学需求。这也是阳下街道持续增进民生福祉，大力推动教育、医疗、养老事业发展的缩影。

阳下街道坚持人民至上，聚焦群众关切，聚力民生建设，努力为群众办实事、办好事，持续提升群众的获得感、幸福感和满意度。

阳下街道以创建全国文明城市为契机，进一步改善城乡环境，推动城乡建设再提速。以嘉福、中梁等7个新楼盘为主体新成立向阳社区，城区版图不断扩大；投入约1200万元，推进9个村城乡供水一体化（二期）建设，新建100余公里供水主干管，基础配套不断完善；新建森林步道约3公里，整理大北溪现有水利防洪堤步道约2公里，推动森林步道与沿河步道相互补充、共同利用，其中状元古驿道森林步道获评"福清美丽步道"，区域人气不断集聚；推动福腾路金街特色商业街建设，入驻商户百余家，荣获全市特色商业街建设奖，商贸环境不断获得改善。

地产项目方面，推动龙湖、融湾等2个项目加快建设，弘祥天景、嘉福铭著等2个项目顺利竣工。

基建项目方面，推动万安大道、洪铨路等4条道路工程竣工，大北溪西侧规划路、洪宽四路等2条道路加快建设。

社会保障方面，实施为民办实事项目6个。市直幼儿园虎溪分园建成投用，新增学位540个，新建1家"长者食堂"，2家农村幸福院实现提星升级，27家养老服务设施全部接入福州市智慧养老服务平台。

同时，阳下街道持续开展奖教奖医助学帮困行动，2022年，阳下商会发放各类奖金24.11万元，为10余名困难学生申请市"希望工程圆梦行动""金秋助学"等助学帮困项目。

"人民群众对美好生活的追求就是我们奋斗的目标。"2023年，阳下街道持续推动民生事业高质量发展，规划实施19个村46条共48公里村内道路"白改黑"工程；开展中亭古街区、作坊古厝共约2万平方米立面改造工程；建设梨庄旧村登山步道，提升改造玉岭村至县委旧址步道、溪头河畔步道，全面提升乡村环境，进一步增进民生福祉。

第八节 从作坊古街到福腾路金街，繁华一脉相承

文化遗产，是历史留给心灵的震撼，是时间之于人类的记忆，是一代代前人为后人留下的宝贵财富。

老街作为曾经区域商业资源的集聚地，不仅是城市的名片，也是突出区域特色的文化高地，展示形象的重要窗口。在阳下，作坊古街、中亭古街等老街老巷各具特色。古街偏安一隅，照拂着周边群众的生活，依然有人间烟火飘散。

然而随着时代的发展，老街正在慢慢褪去当年的辉煌，符合当下审美和需求的商业街正蜂拥而起。时光流转，新旧交织，唯有繁华，一脉相承。

作坊古街

走进作坊村，循着陈氏古民居群的方向前往，这座300多年前耗时30年建成的古厝，依然用红砖青石涂抹出昔日的辉煌。

距离古厝不远的，就是作坊村古街。

明清时期，作坊村一直是福清向北经长乐到省城的必经之地。作坊古

驿道由南而北穿村而过，街道笔直，街面可容两辆马车并排通过。相传，当年古驿道两侧，店铺酒肆隔道相望，榨油坊、榨糖坊、碾米坊、打铁店、客房、典当铺比比皆是，让作坊古街成为一条极为繁华的重要商贸通衢，虽然只有短短200多米，但它或许是阳下街道最早的商业街。

作坊古街

福清古谚有云："金古垅（五龙），银作坊。破铜破铁骑岭下（玉岭），珍珠玛瑙里美洋。"谚语中的"银作坊"是赞美作坊村不仅有大片旱涝保收的肥沃农田，村后山上还有取之不尽的薪炭林资源。

作坊古驿道走过历朝历代不计其数的商贾学子，演绎着代代流传不衰的历史故事。

作坊村距福清10公里，与长乐相邻。古代交通不便，北上福州乃至京城，常取道石湖岭到长乐坑田下渡，乘船北去。所以这儿商贾云集，过路者络绎不绝。这得天独厚的地理位置，成就了作坊古驿道的繁华。

把历史的时针拨回至明清时期，或许作坊古驿道是这样的一幅繁华画面：天刚蒙蒙亮，前往长乐福州等地的生意人为了赶上长乐坑田渡，肩挑蛏种蛤种路过作坊村，彼此交谈着生意经，以致吵醒沿街人家。更有来自兴化的生意人，男男女女结伴而行，挑着龙眼干，穿过作坊街，爬上石湖岭，抵达长乐一带去叫卖，去圆他们的发财好梦。古时作坊街还开设有盐仓，是福清至长乐食盐转运站，也给周边村庄百姓提供挑盐劳务。挑夫经石湖岭山间小径入坑田渡，数百男丁披着夜色赶路……

随着经济社会的快速发展，作坊古街也早已消失在历史的长河里。取而代之的是，笔直宽阔的水泥大道，拔地而起的新式居民楼，霓虹闪烁的综合市场、大型超市……

｜福腾路金街

　　福腾路金街，是阳下街道全力打造的现代立体商业街区，总长度约330米，于2022年10月份开街。

　　福腾路金街已具有合理的业态组合，商家云集。现代立体商业街区模式，确保商业由点及面，分类规划的可持续发展，集合了超市、精品百货、休闲餐饮等业态，满足邻里生活所需。

　　福腾路金街着重打造时尚购物聚集地，引进多家餐饮后，汇集福清及全国各地的特色美食，构成饕餮时光中心，集合商、住、游、吃、喝、玩乐、购八大消费功能，倾情构筑璀璨、繁华的商业氛围，激发经济新活力。

　　为提升城市品位，营造高品质的人文环境、商业环境，阳下街道对福腾路加州·巴厘香溪小区路段进行立面、景观及夜景灯光提升改造工程，全面完成对街区商业土壤的深耕及商业生态链的再升级。

　　以草坪和花卉为主的绿化带，面貌一新的人行道和停车位，丰富的娱乐配套，将景观、绿化、商业店面和其他公共空间有机整合，构建舒适的慢行系统，为市民提供更好的步行空间和商业服务空间。在灯光夜景设计

福腾路金街

优化上，在照明之外营造新奇、年轻、活力、艺术的网红夜生活场景，将消费力、人流集中起来，点亮了城市经济的无限希望。

一条街繁华一座城，一座地标成就繁华商业中心。福腾金街商业街区，毗邻福清中心区域，将城市资源与现代商业融为一体，再现阳下的商业风采。

第九节 一颗红心，薪火相传

阳下街道漈头村是中共福清县委的诞生地。红色热土护红心，一颗红心，薪火相传。阳下街道加强党的建设，打造"红心向阳365"党建品牌。

"3"即强化政治、组织、服务"三大功能"。

"6"即推动"六项工作"：以城区、园区、山区、老区为依托，推动形成党建新格局；以漈头中共福清县委成立旧址为阵地，推动红色教育全覆盖；以群众出题、支部审题、两委答题为抓手，推动决策议事上水平；以从会场到现场、从表态到表率转变为牵引，推动工作落实见成效；以做人阳光向上、做事阳光透明为导向，推动"阳光监督"全方位；以结果运用倒逼为动力，推动党建考评有刚性。

"5"即实现领导班子好、党员队伍好、工作机制好、工作业绩好、群众反映好"五个好"成效。

"红心向阳365"寓意阳下各级党组织和广大党员干部一年365天都心向党、跟党走、听党话。其中，"红心"就是阳下人民的革命传统；"向阳"既是"向党"，也与"阳下"的内涵相衔接；"365"既代表"365天不间断"。

"红心向阳365"是阳下街道基于洪宽社区"红心365"城市党建示范点建设经验和工作成效，进一步围绕"四区"优势，丰富内涵，拓展形成的党建载体，充满阳下特色，基础深厚。

阳下街道把以洪宽社区党支部为主轴构建的城市党建工作体系进一步向农村、机关、非公企业党组织延伸，"连点成线、扩线成面"，形成

365天全天候、全方位、全覆盖的区域化大党建格局。同时，按照边继承边改进边创新的思路，对原有成功经验进行提质升级，把阳下群众始终跟党走、听党话的忠诚"红心"转化成为"红心向阳365"党建的有形载体，形成适应新时代要求的党建模式。

阳下街道还把党建与乡村振兴、产城融合等中心工作紧密结合起来，深化党建引领、带动作用，形成同频共振的良好局面，并鼓励各党支部在深刻把握"红心向阳365"核心要义和抓好部署工作落实的基础上，充分发挥主观能动性，立足实际，总结创新，不断延伸拓展内涵，努力打造一批有特色、有亮点、有成效的党建工作品牌。

红心向阳

第四章 生态净土

陽下

> 三面环山,两溪横穿,山林葳蕤,城郭井然。
>
> 山水森林勾勒的阳下街道,历经沧海桑田,其轮廓依然保留着最初的线条。
>
> 岁月的风,刮过山脊、树巅,拂过潺潺流水,消失于时空之中,似乎不曾留下什么,又似乎,一切早已像千百年来飘逝的秋叶那般,化作春泥,萌发出今天的故事。

第一节 "三大工程"擦亮国家级生态街道名片

春赏松涛园花海斑斓，夏享古驿道浓荫匝地，秋观玉屏山层林尽染，冬品大北溪鹭飞鱼跃。四季阳下的风景盛宴，舒展出一幅辽阔壮美的生态画卷。

固绿水青山之本，筑绿色发展之基。作为福清首个"国家级生态街道"，阳下坚持以习近平生态文明思想为指引，坚定不移走生态优先、绿色发展道路，扎实做好治山理水、显山露水文章，推动经济发展"高质量"和生态环境"高颜值"协同并进，走出了一条经济发展和生态文明水平提高相辅相成、相得益彰的路子，为福清经济社会发展提供生态环境保障，获评"福建省园林式乡镇"，所辖北山村为省级生态村，油楼村等21个行政村获"福州市生态村"称号，获评率达95.5%。

▎"绿色工程"赋能都市农业

八月盛夏，果香浓郁，位于阳下街道作坊村的福清市丰泽农牧科技开发有限公司200多亩火龙果基地迎来了丰收期。支架上的火龙果枝条交叉生长，一颗颗形似"小灯笼"的紫红色果实挂满枝头，绿茎红果相互映衬。

福清丰泽农牧科技开发有限公司火龙果基地

农户们穿梭在基地里采摘，用剪刀把密密麻麻红透的火龙果一个个剪下来，轻轻地装入塑料桶外运。

"种植过程中，我们利用猪场的发酵猪粪作为有机肥，其中含有大量粗纤维，可疏松土壤，预防土壤板结，有利于植物生长。"福清丰泽农牧科技有限公司火龙果基地负责人陈立梅说。今年火龙果长势良好，果肉清甜，每亩能采摘1000斤以上，预计可采摘12000斤左右，主要销往福州等地的水果批发市场。

作为国家现代农业示范区畜禽养殖示范基地转型升级版和现代农业技术创新基地，丰泽基地种植面积达1000亩，除了火龙果外，还种植了香蕉、龙眼等水果。该公司种植的火龙果以"金都一号"为主，该品种火龙果果形圆润饱满，味甜汁多、味美清甜，很受市场欢迎。

原来，早在10多年前，阳下以撤镇设街为契机，大力引导发展高效生态精细"都市型"经济，推动农业转型升级。积极引进农业龙头企业，引导促进土地经营权流转，加快建设一批无公害有机绿色农产品生产基地，打造一批绿色生态农产品品牌。在北林、西洽等村建设大棚蔬菜设施农业1300多亩，农产品基地4000亩。其中丰泽农牧、绿丰现代农业、绿溢浓现代农业均通过福州市无公害产品生产基地验收，成为福州市现代农业生产示范基地和菜篮子工程重要基地。福清洪宽海峡农业试验场远期规划建设3600亩，近期建设2049亩，已成功引进繁育台湾优质水果、名贵药材及温控蔬菜等品种技术，成为我市对台绿色高效农业交流合作的重要平台和窗口。目前，全街道无公害农产品种植面积达8450亩，约占耕地总面积1.3万亩的65%。

| "碧水工程"探索生态治污

夏风吹过，大北溪的水面上泛起涟漪，溪头村段的水面上，白鹭游弋在宽阔清净的水面上，一会儿飞翔嬉戏，一会儿静立觅食，成了一道流动风景。

"越来越多的白鹭在这里栖息，说明这里水质及环境得到了明显改善。"经常来此处遛弯儿的溪头村村民老林说，"尽管两岸车来车往，但这并未打扰到它们，它们时而翩翩起舞，时而伫立休息，在向人们展示人与自然和谐共生之美。"

这样的景象在阳下街道并不鲜见，随着以大北溪流域综合治理为代表的多项水治理工程的实施，阳下街道河湖生态环境持续优化，湿地公园增多，人与自然和谐共处的场面比比皆是。

阳下街道地处福清市城区北大门，辖区内有大北溪与虎溪两条河流，自北向南成"Y"字形交汇流入龙江。

大北溪溪头村段

早在2010年，街道就投入3000万元实施了雨污分流和截污工程，全面落实污水接管工作，将企业和居民生活的污水直接输送到福清融元污水处理厂。当时，全街各行政村生活污水全部接到市排污总管，受益农户达到90%。此外，在严格执行环保制度的同时，洪宽工业村还要求新入驻企业必须进行接管并加强监管，确保企业达标排放，入区企业污水收集率达到了90%，确保了大北溪、虎溪沿江水质常年达到二类标准。

2023年以来，阳下街道与福清市龙江办、河长办、住建局、城投集团等部门联动，并邀请市人大代表、政协委员等参与，定期开展"河长日"巡河、"护河爱水，清洁家园"等活动。通过查看河（湖）长公示牌、河流生态环境、河道保洁管护、防溺水工作情况，清理河道、河岸垃圾等举措，共同督促、改善河道治理，确保第一时间发现问题，第一时间整改到位。

同时，阳下街道实施了新局村、下坝村、北亭村等排放口治理工程，同步推进高厝村雨污分流工程与城乡供水一体化建设，打造"水清、岸绿、河畅、景美"水生态环境目标正逐步实现，让群众感受到水环境实实在在的变化，切实提升群众生态获得感、幸福感。

"街道将坚持河长巡查常态化、河道管理日常化，勤巡河、重监督，着力推进河长制工作，努力打造干净、整洁、优美的河道生态环境。"阳下街道相关负责人表示，下一步，将继续加强宣传，增强群众参与河道治理、共建美好生态家园的积极性，努力实现河畅、水清、岸绿、景美。

| "洁净工程"打造美丽家园

将目光转至市民生活，在"绿色"理念的引领下，阳下街道不断精雕细琢城市生态，让美丽家园触手可及，无论是在公园小桥流水中闲庭信步，还是在修缮一新的古民居里品味家乡……一域一景的生态浪漫，吸引了不少市民和摄影爱好者的目光。

加强基础设施建设是人居环境改善的重点之一。早在2010年，阳下街道就成立了家园清洁工作领导小组，建立家园清洁定期考评考核机制，大力推进家园清洁工作常态化、制度化，促进生活垃圾的资源化利用。街道聘请了23名保洁员，各村也相应配备了2~10名保洁员，认真落实"村收集、街转运、市处理"的垃圾处理工作机制，由各村负责垃圾定点收集堆放，街道环卫所负责统一清运，及时将各村、工业区堆放点垃圾清运至福清市生活垃圾焚烧发电厂集中处置。

"十二五"期间，西洽村在全市率先实行了垃圾不落地试点，全街道所有行政村全面推广垃圾不落地工程，建成区生活垃圾无害化处理率达100%，所有行政村生活垃圾均已纳入资源化利用范畴，并投入近千万元资金，新建户厕6005间和公厕44座，辖区内农户卫生化厕所普及率达95%，有效地转变了农民的卫生观念，改善了农村的卫生环境。

垅郡小区垃圾分类屋于2021年4月建成，是阳下街道垃圾分类的首批试点小区。垃圾分类屋建成以来，垃圾分类已成为小区居民生活常态，大家自觉用实际行动守护居住环境。目前，街道建成垃圾分类屋50座，于2021年7月全部投入使用，同时按照标准配备5辆垃圾清运车，日均处理垃圾40至50吨。每个垃圾分类屋的视频监控、收运车辆的监控和GPS全部接入智能监控平台，分类屋的过磅秤和摇铃式垃圾收运车的数据会自动生成，并传输到平台上，实现垃圾投放有源可溯。

此外，阳下街道还以新局村为试点，推行垃圾分类屋"定时定点投放模式＋摇铃式智能收集模式"，有效保障辖区村民分类后的垃圾能分类收集至垃圾分类屋内，最终分类运输至相应的终端处理厂，完成垃圾分类的全流程闭环管理，实现垃圾减量化、资源化、无害化的目标。目前，街道已实现了垃圾分类全域覆盖，除了2个社区采用垃圾分类屋定时定点投放垃圾外，其余22个行政村全部实施"摇铃式"收集垃圾。以新局村"一户一码、智能摇铃、一车一线、平台监管"为模板的做法，已逐步推广至全市。

今日之阳下，以青山为底，逐绿而行，呈现出草丰林茂的景象；以河湖为脉，勾勒清溪环绕、蓝绿交融的画卷；以绿道为轴，串联城市社区，链接大地景观……经过十余年的不断探索创新，阳下街道正用"生态画笔"在玉融大地上勾勒出一幅美丽的绿色山水画卷。

第二节 玉屏山麓：群山拥翠筑牢生态屏障

两溪三山绕画楼，一域繁华半城园。漫步阳下，近处河畅水清、岸绿景美，与远处的蓝天白云相映成趣，富有情趣的生态图景随处可见……这是阳下街道带给市民最直观的印象。

阳下街道生态持续向好，环境愈加优美，不仅是众多市民、游客的感受，更有实实在在的数据佐证：区域面积69平方公里，三面群山屏立，林地面积近5万亩,其中省级以上生态林2.1万亩、天然林约5千亩,森林覆盖率达46%,高于全市平均水平,林地总面积、森林覆盖率在7个街道中分列第一、第二位。

生态林是重要的森林资源,在筑牢生态屏障、改善生态环境中发挥着重要作用。近年来,阳下街道坚持以习近平生态文明思想为指引,认真把握新形势新任务,扎实做好林长制各项工作,切实做到"山有人管、林有人造、树有人护、责有人担",齐心协力筑牢生态屏障。

巍巍青山,离不开林业工作者的巡山保护。为高质量推进林长制,全力做好"管绿""增绿""活绿"的文章。目前,阳下街道已设立街级林长5人、村级林长22人,聘请护林员24名,严格落实巡林要求,街级林长每月巡林1次,村级林长每周巡林4次。

与此同时,一方面街道积极组织街道、村居干部职工开展义务植树活动,在北林村金鸡山及辖区其他区域种植枫香树苗1000余株,完成造林面积2017亩,其中松林改造提升1580亩、其他造林更新437亩。另一方面持续开展疫木治理和松枯死木清理工作,定期组织街村干部在林区周边村庄开展检查行动,突出松树疫木的利用及违法交易等重点,及时发现房前屋后堆积疫木、疫木烧柴等情况,第一时间引导动员群众配合处置,仅2023年上半年累计清理枯死木1327株。

森林防火责任重于泰山。阳下街道把森林防火工作列入"林长制"工作的重中之重,创新体制机制,强化红线意识和底线思维,坚持"预防为主、积极扑救"方针,加强"日常宣传、监督巡查、应急准备、火情监测"等4大体系建设,推行护林员网格化管理机制,修建金鸡山森林防火通道2.2公里,发挥森林防火云平台监控作用,实现辖区林区24小时火情监控,形成了"全街动员、全民参与、全域防火"的森林防火工作新格局,筑牢了阳下森林安全"防火墙",为维护生态系统平衡、保护生物多样性、建设生态福清作出了突出贡献。

环境保护得好不好,大自然会给出答案。阳下街道积极配合上级及业务部门开展林业行政执法,维护林木秩序,重点抓好采伐管理,持续加强监督检查,严厉打击乱砍滥伐、违规占林等行为。与此同时,认真开展野生动物保护宣传,加大日常巡查力度,严禁捕猎野生动物,区域内生物多样性明显增加,森林植被蓄水能力显著增强。

"我们将按照'森林资源网格化、全覆盖'的要求,加快推进实现'一林一长一警一员',持续推进森林资源网格化管理,加快智慧林业建设,强化森林资源动态监测监管,维护林区安定稳定。"阳下街道相关负责人表示,街道将继续用好"绿色指挥棒",进一步压实林长职责,巩固好阳下"山区"优势,更好地造福于民。

"将河山装成锦绣,把国土绘成丹青。"在绿色打底的画卷上,阳下街道认真贯彻新发展理念,一笔一画勾勒生态家园的未来。绿色理念不断拓展延伸,生态底色愈加鲜亮厚重,街道处处呈现出一幅"林城相融、林水相映、林路相依、人景和谐"的城乡森林生态景观美丽画卷。

第三节 清溪碧连天,古道醉游人

大北溪:野生溪流"变形记"

阳下街道有两条主要河流,一条是虎溪,一条是大北溪。两条河流都是龙江的主要支流,自北向南成"Y"字形交汇流入龙江。

相较于虎溪的"盛名在外",大北溪一直默默无闻。大北溪偏安一隅,以不变应万变,悄无声息地随着岁月流转、时代变迁,把一条野生、放纵的溪流变成斯文、内敛的城市内河。

一场"变形记",在很久很久以前,就开始了。

漈头村群众乐享美好乡村人居环境

大北溪流经阳下街道王典、作坊、东田、溪头、新局、阳下、油楼等7个行政村和洪宽工业村，总长21公里，主要支流有新局溪、罗汉溪、瓦坝溪、漈头溪等，全流域面积68.9平方千米。

翻开地图，可以看到，在山野间奔流的快乐小溪，一路自北向南，穿过山林、旷野，进入平原后，慢慢变得沉静。人们循着水声而来，在这里栖居繁衍，把这条小溪叫"大北溪"，名字简单好记，有着乡人的质朴。

光阴迅忽，岁月流转，这里逐渐汇聚起浓浓的烟火味和人气，有了山林里没有的热闹与繁华。大北溪见证了阳下的发展和变迁：1949年作坊山歼敌战的胜利号角，余音不绝；百亿侨村——溪头村，名声在外；全国第一个村级侨办工业村——洪宽工业村，被誉为福建省"台湾村"……

随着阳下由镇改街道，大北溪也成功地把自己从山涧里恣肆奔流的野生溪流"变身"成为福清的城市内河之一。

但是，各种问题也随之而来。工业生产、畜禽养殖、违建搭盖……大北溪的溪水变脏，环境变差，脾气也变坏了，拥挤的河道和沉重的负荷，逼得它"发火"，雨季闹内涝，旱季散恶臭。

人们这才意识到，大自然的馈赠并非永恒不变的。曾经的"野孩子"不再受欢迎，而变得人见人烦。

溪头村率先开始改变。疏浚河道、拓宽河面、全面截污、景观改造……一场历时十多年的"变形记"开始了，只是，这次的主角换成了人。

2012年起，溪头村就开始对大北溪沿线进行景观改造，修水坝，疏浚河道，拓宽河道，在两岸砌起驳岸；进行全面截污，将沿岸工业废水、生活污水全部引入新建成的市政污水管道。

在"大北溪保卫战"中，也有过异样的声音，但溪头村的党员干部主动带头做表率，自愿拆除围墙支持沿溪路的拓宽，并且不求赔偿。这样的举动也深深打动了周边群众，大家纷纷加入沿溪路的拓宽建设中。

历时十多年的治理终见成效，如今的大北溪溪头村段，曾经的"脏乱差"早已成为历史。站在溪边，放眼望去，溪面十分开阔，溪水清澈见底，鱼儿在水中游，白鹭在溪面上"跳舞"。休闲步道沿岸曲折向前，岸边花木成荫，沿岸别墅错落。这里，不仅成为附近村民休闲散步的好地方，更吸引了不少摄影爱好者来此取景拍照。

不仅仅在溪头村，大北溪镇区段也有美好的故事发生。大北溪西岸公园、大北溪东岸休闲带和西圣等公园先后建成。新公园建成了，老公园更新了，大北溪两岸形成了规模颇大的公园带，让大北溪两岸的居民有了更多休闲娱乐场所。

随着大北溪的蜕变，阳下街道开始思索：如何让大北溪继续保持"绿富美"？街道多措并举打造河湖管理保护体系并推行河长制，建立市、街、村三级联动机制，各村（社区）也相应设置"河段长""河道专管员"办公室，每条河道、每座水库山塘都明确"副河长""河段长""专管员（巡查员）""保洁员"。通过建立河道"街周巡、村日巡"的巡查制度，绘制完善河流、水库、山塘四至界线分布图，形成"一河一档"户口簿，再加上无人机巡航，构建人机结合、立体交叉的巡河模式，守护辖区内的大小河流。

时间来到近处，大北溪的"变形记"还在继续：因河道内的污水管老化破裂，河水倒灌、污水溢流问题突出，大北溪流域整治工作又再度被提上议事日程。2022年，总投资6.47亿元的福清大北溪流域综合治理工程启动。

大北溪流域综合整治以"治理整体化、雨污分流最大化、两岸景观化、沿岸生态化、管理制度化"的原则要求，严格控制污染物入河，并恢复水生态系统。整治完成后，街道对大北溪流域生活污水及工业污水的治理能力将全面提升，同时，河道汇入龙江处考核断面水质的全部指标可达到Ⅲ类地表水质标准，届时，大北溪全流域将真正实现"水清、河畅、岸绿、景美"。

虎溪：穿越千年的"治水"接力

福建福清，世界灌溉工程遗产天宝陂扼守龙江中游，历经千年，初心不改，仍在造福玉融人民。相距一公里处，历时三年完成小流域综合治理的虎溪潺潺汇入龙江，两河交汇，两岸风景如画。在拥有古老治水智慧的福清，一场穿越千年的接力，在虎溪完成了新时代的"接棒"。

虎溪，是福清的"母亲河"龙江的主要支流之一。其源头有四：一源在闽侯县双奶顶南麓，一源在大尖山东麓，两源南流汇于阳下街道芦院村，称"芦溪"；一源在虎尾山西麓，一源在纱帽山东麓，两源向东南流汇于音西镇的龙溪村，称"龙溪"。芦溪和龙溪又在阳下街道溪下村汇合南流，称"虎溪"，经油楼、奎岭入龙江。

虎溪总长14公里，流域面积59.3平方公里，沿线经过阳下、音西2个街道，9个村居。从绵延山峦、宽广田园，一路流经烟火村落、繁华闹市，虎溪用水润万物的胸怀涵养着福清的成长。然而，在支撑福清城市发展的过程中，虎溪也在透支着环境资源的承载力。

在启动虎溪综合治理之际，福清就决定从天宝陂撷取智慧，彻底改变虎溪污染状况，还水于民。

在宋代，天宝陂就有了专管机构，彼时建立的"岁勤修、预防患"制度，更被视为现代水利设施管理的雏形。在虎溪治理过程中，福清强化顶层设计，成立以市主要领导为组长的领导小组和治水攻坚专班，健全完善三级联动机制，成立综合协调组和污染源治理、精准截污、生态修复、河道整治、智慧管理、生态补水等6个专项工作组，由综合协调组通过"331"工作机制（3天收集分析问题、3天会商协调、1天明确整改方案）兜底解决，改变以往"九龙治水"的状况，实现"合力共治"。

2020年以来，福清市围绕问题导向，全面开展虎溪小流域综合治理，投入2.57亿元，先后开展设施及管网配套建设、村庄（小区）雨污分流、入河排口整治、河道生态修复、沿河公园建设等一大批水利工程，有效改善了虎溪水环境水生态。目前，虎溪的水质稳定在Ⅲ类，部分时段可达Ⅱ

虎溪东岸的多彩生活

类，逐步实现"水清、河畅、岸绿、景美"的生态目标。

同时，福清还实施虎溪安全生态水系建设项目，对虎溪进行生态修复，结合虎溪两岸城市公园打造水生态亲水系统，建设集行洪空间、农业用水、景观用水、生态绿地、亲水休闲于一体的绿色生态走廊，构造"人水和谐"的生态虎溪。

为了实现虎溪治理的长效化，福清积极探索河道管护新模式，坚决落实河长制和属地责任，强化监管职责，夯实企业生态环保主体责任，逐步建立并常态形成"天上飞、河边巡、及时清、平台管"的巡查、管护、处置机制，研发建立龙江流域水系综合治理电子作战平台，实现"科技+制度"的智慧管理，长效长治。

作为虎溪源头所在地，阳下街道也不遗余力地推进河长制工作，坚持河长巡查常态化、河道管理日常化，勤巡河、重监督，着力推进"河长制"变"河常治"，做好"水文章"，努力打造干净、整洁、优美的虎溪生态环境。

精雕细琢的江滨公园、野趣横生的生态湿地和驳岸，临水、近水、亲水、观水的多样化亲水空间，与一湾碧水相映成趣，如今的虎溪已成为福清最具生命力的城市公共空间。

生态兴则文明兴，党的十八大以来，生态文明理念深入人心。以虎溪为蓝本的生态环境治理，更成为福清传承古人智慧、践行生态文明理念的生动实践。

状元古驿道：岁月的风穿林而过

状元古驿道，藏在阳下街道连绵成片的山林里。从玉岭村的古驿道入口甫一进入，便领教到岁月的重量：驿道两旁的树木"倚老卖老"，不管不顾地旁逸斜出着；石板路被一层层的落叶"包了浆"，锋利的边沿也被千百年来来来往往的行者磨平了棱角。

阳下街道状元古驿道，因一段长1.5公里的叶向高上京、返乡必经道路而得名，是宋代以来福清学子上京赶考、官员回乡省亲、商人往来贸易的主要交通步道。

为了保留古驿道的原始风貌，街道在修缮古驿道时采取修旧如旧的做法，保留了原有的石板路，并采用山里原生的石料对缺失、坑洼的路段进行修补，最大程度地保留古驿道的味道。

假如不去刻意回想，人们会以为，此时此刻，正站在千百年前的驿道上。当时，也是这般景象，阳光从树林间洒落，偶尔有风吹过，可见尘埃在微光中曼舞……所不同的是，那时马蹄声声，驴骡成队。布衣官宦、商贾人士、军旅游侠，或轻装简从或前呼后拥，散入这莽莽丛林之中，沿着前人走过的路，踽踽前行，前方或明晰或模糊的希望，吸引着他们走向远方。

行人多了，路有了，故事自然也有了。状元古驿道流传着许多故事，其中最出名的，当属明朝宰相叶向高曾经在此处的酒肆停留过。传说，这条古驿道是叶向高上京、返乡的必经道路，叶向高每次经过这里，都会在玉岭村的一处酒肆停留吃饭。如今，在古驿道的某一段，这个传说也被逼真地还原出来——一个小小的凉亭，一面叶向高的画像，这个象征意义大于实际意义的凉亭，让数百年前的故事，走到了今人面前。驿道的古老和繁华，瞬间被掂量出厚重。

岁月的风，穿林而过，许多故事也就此飘散在风中。能打捞起来的故事，不过是岁月长河里的吉光片羽。但幸好，在追求"诗和远方"的当下，越来越多的现代人开始反感快节奏的生活，转而追求慢调的山野之趣，于是这条隐于岁月之中的古驿道，终于拥有了"重现江湖"的绝佳机会。

发掘、修复、建设……在阳下人的努力下，古驿道不止变美，还变长了，有了一个洋气的新名字——阳下街道状元古驿道森林步道，是福清六条"美丽步道"之一。

阳下街道状元古驿道森林步道总长约3公里，包括长500米的阳下村森林步道，长1.5公里的玉岭村状元古驿道与长1公里的玉岭至上亭村森林步道。其中，玉岭村状元古驿道连接的是长约1公里的阳下街道玉岭村与上亭村森林步道。这条步道通往福清台湾农民创业园，步道两旁瓜果飘香，随手一拍都是自带滤镜的生态大片。阳下村森林步道则依托自然山脉的坡势起伏，在原有的山间小径上铺设明黄色的沥青路，彰显今人推崇的山野活力。

值得一提的是，阳下村森林步道与玉龙森林步道相连，玉岭村古驿道与龙云步道相连，实现了三个街道步道间的两两联通，为福清市民提供了更为广阔的休闲空间。

沿着玉岭村至上亭村森林步道行至福清台湾农民创业园，再到终点，就是中共福清县委成立旧址。这是福清红色政权的"孕育地"，见证了福清的发展和党组织不断壮大的历程。

步入中共福清县委成立旧址，犹如穿梭于时空隧道。

旧时的陈氏支祠、陈氏祠堂、漈阳书院，变成了"县委成立旧址纪念馆""地方革命史陈列馆""党建引领展示馆""红色生活馆"……历史篇章次第翻开：1934年1月，中共福清县委在陈氏支祠成立。之后，福清革命重心由城镇转向农村，掀起农民革命热潮，成功举行南西亭暴动。1941年4月福清沦陷后，福平沿海抗日游击队第八中队在漈头村组建并驻扎于陈氏祠堂和漈阳书院。2021年6月，中共福清县委成立旧址完成修缮并对外开放，为中国共产党百年华诞献礼。

县委成立旧址占地约19.17亩，由"四馆一场"组成，依托古厝民居进行修缮改造，不仅原汁原味保留了风貌，还增加了"红领玉融"主题雕塑、墙体彩绘、读书台等特色项目，更有修缮一新的古民居穿插错落，崭新的沥青公路蜿蜒穿梭，沿途绿草茵茵，鸟语花香。

曾经，中共福清县委成立旧址和古驿道不曾相通，但成长在红色摇篮所在地的阳下人凭着一股巧思和干劲，找出了两者的共通点，将它们连结在了一起，那就是对美好生活的追求与向往，让这里的人们勇敢迈向未知的前方。

驿道的深处，可能阳光普照，也可能陷阱密布；革命的历程，可能有流血牺牲，但更是崭新的明天的希望所在。于是，人们不停歇地走，走过漫长的岁月，跨过艰难险阻，穿山越岭，遇见又告别，终于来到蓝天下。

状元古驿道森林步道串联起阳下的古往今来，让红色文化和绿色景观交相辉映，阳下的故事就在行走的过程中，在和人和物和自然的不断交流中，碰撞出火花，生生不息。

穿过如织密林，站在古驿道的终点，回想那一段激情燃烧的岁月，探访者内心澎湃激昂，磅礴着建功立业的万丈豪情。

状元古驿道

第四节 乡村变形记

党建引领"点靓"美丽乡村

水清岸绿的河道小溪,干净整洁的农家院落,房前屋后小苗圃花香四溢,修缮一新的古民居穿插错落,中共福清县委成立旧址前的公园小桥流水、绿草如茵……走进红色革命老区阳下街道漈头村,一幅"水清、路洁、景美、人和"的美丽画卷徐徐展开。

近年来,阳下街道依托"红心向阳365"党建载体,以农村人居环境整治"小杠杆"推动乡村振兴"大战略",擦亮红色阵地"金招牌",让革命老区旧貌换新颜,有"颜值",更具"气质"。

▎织密"365"人居环境整治"责任网"

战扬尘,治污水,护泉河……在阳下街道,党旗永远高高飘扬在生态环保第一线,全时段守护碧水蓝天。

阳下街道以"红心向阳365"党建载体的政治功能为工作抓手,组织群众,凝聚群众,将人居环境整治纳入网格管理体系,实行"定人、定责、定路段"工作责任制,党员干部全部下沉至网格,实现一网铺开覆盖无死角。以党员干部为责任主体,共设置6个一级网格,每个网格都安排"1+1+1+N"模式,即"1名村两委干部、1名党员干部、1名保洁员、N名责任户代表"包干,对房前屋后、水沟河渠、主次道路旁的垃圾杂物进行拉网式排查清理,收集建立垃圾违规倾泻、私搭乱建等问题台账,按时整改,确保人居环境整治取得实效,形成一年365天全方位、全天候、全覆盖的人居环境网格体系。

▎吹响"365"人居环境保护"集结号"

为充分发挥基层党组织战斗堡垒作用和党员先锋模范作用,推动城乡人居环境持续改善,阳下街道以"红心向阳365"党建载体的组织功能为工作合力,围绕中心,服务大局,坚持支部带党员、党员带群众,将人居环境整治与主题党日、三会一课、村民代表会议、新时代文明实践等活动相结合，以会上讲、实践学、走访谈等形式广泛宣传"垃圾分类"、村庄清洁"六清一改"、农村人居环境整治提升文明"积分制"等人居环境整治内容。

村民群众从"一旁看"转向"一起干"，形成365天主动参与，全方位、多样化的人居环境保护宣传，破解了宣传深度、广度不够的难题，推动形成"人人讲卫生""人人齐参与"的人居环境治理氛围。

▎开拓"365"美丽乡村治理"新路径"

"欲筑室者，先治其基"，作为党的基层组织"神经末梢"，筑牢意识形态主阵地、把稳政治方向的主基调至关重要。

阳下街道以"红心向阳365"党建载体的服务功能为工作导向，通过评比挂牌"党员示范户""最美庭院"等称号，选典型、评示范，发挥模范带动作用，激发群众主观能动性。通过党建引领、党员带头，鼓励村民365天全方位、全过程参与"积分制"管理，赋能"乡村治理"新模式。

起步扎实，落地有声。除实现全域覆盖外，今年阳下街道还尝试将积分与入党积极分子推选、优秀党员评选、"五好"家庭评选、道德模范评选等相结合，进一步完善乡村治理框架。

建设宜居宜业和美乡村没有局外人，人居环境整治提升更没有旁观者，人人都是主人翁。通过党建引领人居环境治理，漈头村有效调动了群众参与乡村治理的积极性，也悄然改变了村民们的行为习惯和生活方式，激发了村民们参与乡村共建、共治、共享的积极性，村民们正用自己的实际行动为自己的家园按下"美颜键"。

从穷山村到"绿富美"的逆袭之路

欧式风格的小学、中学、医院沿着宽敞的村道排列，鳞次栉比的小洋楼与修缮一新的古民居和谐共处，大北溪穿村而过，两岸绿树成荫……走进阳下街道溪头村，仿佛来到了风情万种的欧洲小镇，目之所及，清新秀美。

溪头村是著名侨领林文镜的家乡，位于福清北大门，地处阳下街道中心位置。

从贫穷落后的山村，到大企业纷纷落地的工业村，再到远近闻名的全国文明示范村，溪头村的逆袭之路，是一个值得好好说一说的故事。

| 乡贤捐资兴业，溪头村踏上逆袭之路

20世纪五六十年代的溪头村，和福清的大多数乡村一样，一穷二白。逢大雨必涝，农作物连年歉收，破屋随处可见，村民生活拮据，孩子们只能光着脚丫上学，这是大部分从那个年代走过来的溪头人的共同回忆。

不能这样一直穷下去，必须改变！

党员干部率先站出来，带领村民努力摆脱贫困。干部群众齐上阵，肩挑大石筑水坝，手握锄头挖池塘，沿大北溪两侧开荒围垦农田，种植水稻、花生、甘薯，努力实现粮食自给自足。

20世纪70年代末，华侨林文镜回乡省亲。看到家乡的穷困面貌，他决心帮助家乡人民改变生活。林文镜捐资为家乡溪头村办起拖拉机站、砖厂、米粉厂、木材厂等，工厂产生的利润用于购买肥料、风扇，作为村民的福利。他还捐建了洪宽小学、洪宽中学，孩子们的学费来自工厂经营赚取的利润。

随着时代的发展，拖拉机站、砖厂等已无法适应市场需求，溪头村经济发展需走工业化道路。20世纪80年代末90年代初，村里建立了全国第一个村级工业区——洪宽工业村，并成立洪宽工业开发有限公司，进行招商引资。

洪宽工业村实行土地和奖励等优惠的招商政策，吸引了众多商家的目光，他们纷至沓来，玩具、服装、五金等工厂先后落地，形成了铝业和电子两大支柱产业。

伴随着工业村产业的发展，溪头村的人气也不断集聚，衣、食、住、行的需求更加多元化。溪头村大力发展商贸业，通过服务企业带动村级集体经济发展壮大和村民增收。

提"颜值"塑"气质",绘就美丽乡村新画卷

富裕起来的溪头村没有停止奋斗的脚步,村里陆续对各类基础设施配套进行提升改造,除了路灯覆盖、道路硬化等外,还修建了全国最大的村级公园——松涛园。十余年来,松涛园不断扩建,现面积已达300亩,早已成为福清市民主要休闲公园之一。

2010年起,溪头村开始着手美丽乡村建设,修建公园,打通环村路,大面种植绿化,提升改造大北溪,修缮古民居。经过建设后,溪头村的村容村貌焕然一新,2012年获评福州市美丽乡村精品示范村、幸福家园示范村,2014年以来,连续三届获评全国文明村。此外,先后荣获全国绿化千佳村、福建省先进基层党组织、省级卫生村、省级园林式村庄、福州市新农村建设精品示范村、福州市最美文化村等荣誉称号。

在溪头村占地300亩的洪春松涛园内,绿榕茂盛,草地青翠,溪流淙淙,鸟声婉转,岸边一幢幢花园洋房,倒映在清澈的溪水中,如诗如画。公园内,还有小型足球场、网球场、羽毛球场、篮球场等体育设施。茶余饭后,村民们都喜欢聚在公园里,休闲娱乐,跳舞健身。

新时代新征程,溪头村人在追梦道路上继续奋勇前行。近年来,溪头村又实施清沟扫地摆整齐、湖库水系连通、污水零排河等乡村振兴举措,续写新时代的壮丽篇章。

引"水"活源促增收,推动乡村振兴

溪头村支部积极响应上级号召,开展党建引领"同置业、壮村财"行动,创新推出"养鸡生蛋""送鸡产蛋"模式。利用华侨捐赠和征地返还自留地款项,多方筹资1600余万元,先后建成东洋商住楼、后兜溪商住楼、马家底文化中心大楼、溪头农贸市场等4个村集体商贸文化设施,连同林文镜先生捐建的高岭商住楼,总面积约1.53万平方米,每年可带来近百万元租金收益,成为溪头村村财收入的主要来源。优质的物业,不仅让村集体获得持续丰厚的租金收入,同时,通过市场带动推动资产增值。

除"看得见"的收益，产业振兴也成为村民就业创业的沃土，带来更多"看不见"的效益。一方面，搭建村民就业的"蓄水池"。村党委积极协调企业开展免费对口培训，帮助200多位无业农民实现在家门口就业，培养30多名技术骨干。另一方面，也激活了创新创业的一池春水。引导有实力的村民参与到企业的产品加工、运输、营销等环节，涌现出10名党员企业家，为有创业意愿的党员群众提供挂职锻炼岗位，引导企业党员结对帮带村民，推动村民自主创业。

溪头村还依托以资源换物业模式，盘活辖区内旧村部、旧厂房、旧市场等闲置资源，变废为宝，成效显著。

"老市场"焕发"新面貌"。原村旧农贸市场，建于20世纪90年代，破败老旧。2017年，溪头村以农贸市场集体土地入股，由中标方出资建设推动拆旧换新，原址建成六层大楼，一层农贸市场归村集体，二到六楼归中标方。实行村企分成，减少村建设资金的压力与风险。目前，农贸市场承包给第三方经营，每年可增加村财收入约20万元。

"沉睡"土地开出"致富之花"。积极推进零散土地流转使用，多渠道增加村级集体经济收入。如原村一处5.14亩的集体建设用地，因种种原因多年来一直闲置。2019年，支部发动党员、乡贤广泛牵线搭桥，将该地块出租给华颖箱包公司用于仓储，每年可增加村财收入5万元。

闲置农房变身"精品商铺"。帮助255户农民把闲置房屋进行出租，每年仅此一项可增加农民收入670多万元。目前，全村约有2/3村民从事与服务企业相关的物流、商贸和餐饮行业，截至2021年，村民人均年收入近5万元。

小积分"撬动"乡村环境大提升

"有了'积分券'，不仅可以在村里的'积分超市'换米换油和其他生活用品，也可以到村里的小卖铺、超市兑换礼品，还可以用于缴纳电话费，非常方便。"近日，从积分超市兑换到生活用品，福清市阳下街道漈头村六旬村民林依姆喜上眉梢。

从曾经的"一旁看"到如今的"一起干",从仅"积分超市"兑换扩展到村里小卖铺、超市购买兑换……2023年,福清阳下街道在原有"积分制"管理的基础上,继续探索创新,开展农村人居环境整治"积分制"管理赋能乡村治理,"兑"出文明乡风,"兑"出村民"幸福感",也跑出了乡村振兴的"加速度"。

村民争相"攒积分""比积分"

近日,在阳下街道漈头村"积分超市"内,前来兑换积分的村民正在超市内挑选自己心仪的物品。洗衣粉、纸巾、垃圾袋等生活用品整齐摆放在"积分超市"的货架上,这些商品与超市上架商品不同的是,村民在这里买东西不用钞票,而是用"积分"兑换。

2023年,阳下街道在去年"积分制"管理的基础上,全面实现农村人居环境整治"积分制"推行全覆盖。

"积分制"如何运行呢?"积分制"考核管理由所在村委负责,由党员、包片村干部、村民组长组成评分小组,考核得分每季度公示,由村委专职工作人员按照一户一档建立积分台账。

"现在我们每个月都会组织党员、村干部、村民组长,定期上门对村民家庭户进行考核打分,督促整改,让村民变被动整改为主动参与。"漈头村村委相关负责人说。

积攒瓶瓶罐罐、废弃纸皮,是村里大部分老人长期的习惯,推行"积分制"后却有了变化。"现在村里流行攒'积分',还能靠积分兑换到米、油,比攒瓶罐更有'奔头'。"近日,正在村里的"积分超市"兑换积分的村民老李笑得合不拢嘴。

与老李一样,当地村民们通过清洁房前屋后,管好公共场所,参与环境整治等获得积分奖励,攒到一定积分后,村民们就可以到村里的"积分超市"兑换香皂、牙膏、洗衣液等生活用品。

"看似不起眼的'小积分',却藏着'大能量'。"阳下街道相关负责人介绍,除实现全域覆盖外,今年他们还尝试将积分与入党积极分子推选、"五好"家庭评选、道德模范评选等相结合,进一步完善乡村治理框架。

如今,村民从曾经的"一旁看"转向现在的"一起干",村民间"赚积分""比积分"热情越来越高,他们的自觉性提高了,村里环境变好了,文明乡风蔚然成风。

| 赋能乡村治理"兑"出文明乡风

今年,"积分制"管理之路越走越宽。"与其他地方不同的是,我们继续探索创新开展积分制工作,辖区各村联动合作一家小卖铺、超市进行商品购买兑换,不仅让积分兑换方式多样化,方便了更多的村民,也调动了村民的积极性。"阳下街道相关负责人说。

"我们在'家门口'超市兑换自己需要的东西,虽然东西小,但是给了我们一定的奖励,提高了大家的积极性,我们感到很高兴。"村民老李也说出了众多村民的心声。

"积分制"赋能"乡村治理","兑"出文明乡风。枝条吐绿,河水潺潺;屋舍错落有致,道路宽敞整洁……如今,走进红色革命基地福清市阳下街道漈头村,一幅"水清、路洁、景美、人和"的美丽画卷徐徐展开,乡村有"颜值"更具"气质"。村中,房前屋后小苗圃花香四溢,入户便道干净整洁,革命烈士纪念馆前公园小桥流水、绿草茵茵,村民春风满面的笑容,令人心旷神怡。

在阳下街道,"积分制"的全面推行有效调动了群众参与乡村治理的积极性,也悄然改变大家的行为习惯和生活方式,激发了大家参与乡村共建、共治、共享的积极性,犹如在各村按下了"美颜键",村民们正用自己的实际行动为乡村振兴增色助力。

"'积分制'鼓励村民全方位、全过程参与乡村治理,既化解了矛盾，又营造了乡风文明、和谐宜居的美丽乡村新风貌，让乡村治理真正'活'了起来。"上述相关负责人表示。

而在福清全市，"积分制"赋能"乡村治理"模式，正在越来越多的乡村进行推广实践，在玉融大地生根发芽，为乡村振兴注入内生动力。

第五节 城市生态与文脉传承并向而行

漫步虎溪畔，凭栏远眺这条风景秀美的"生态长廊"；走进古民居，触摸这座城市的历史底蕴……习近平总书记指出，文化是民族生存和发展的重要力量。城市是一个民族文化和情感记忆的载体，历史文化是城市魅力之关键。

让城市生态与文脉传承并向而行，打造和谐宜居、文明智慧的新型城市是当前城市建设发展的重点工作。阳下街道作为福清中心城区的北部组团，也是"国家级生态街道"，历史文化悠久，人文景观独特，自然资源丰富，时代风采斐然。在城乡规划建设过程中，阳下街道把保护生态环境和传承城市文脉作为全面提升城市软实力的应有之义，坚决扛起这一重大责任使命，奋力推动生态文明与文化建设有机融合，同步发展。

历史悠久的"海谷公祠"

北西亭村漈阳陈氏宗祠亦称"海谷公祠"，坐落于阳下街道中亭村。始建于明嘉靖六年（1527）。坐西朝东，占地面积520多平方米。

抗日战争时期，这里曾是西亭人民抗日游击队队部。福清解放前夕，为我地下游击队议事之所。福清、长乐、平潭三县地下党领导曾在此地共商义举，为人民的解放事业作出贡献。中华人民共和国成立后，该祠成为西亭农会和西亭乡政府所在地，曾作为"土改""反霸""合作化""建设新农村"的指挥中心。

由于海谷公祠年代久远，几经风雨侵蚀，破损十分严重，加上多次改作他用，各单位负责人只用不修，将要倒塌。为抢修阳下历史名祠，为港、澳、台同胞和海外赤子回乡寻根问祖创造条件，为和平统一大业作出贡献，经乡人集资，于1995年动工，按原貌修复，1996年元旦落成。

新修成的海谷公祠，仍然保持着明清建筑风格，祠内上有神龛，中间大厅，下有天井，两旁为厢房，祠前有一祠埕，原竖有旗杆碣，可惜现已散失无存。

海谷为漈阳陈氏二十世祖，生五子：长子伯谦（五舍），次子伯谅，三子曲溪，四子四榕，五子南山。

据清乾隆版《福清县志》记载，海谷裔孙世浚于明崇祯庚辰年（1640）高中进士第十名，任行人司行人之职。海谷公子子孙孙在北西亭村这片土地上繁衍生息，开拓创业。除部分迁入全国各地和本地仕边、作坊、奎岭等地外，留居北西亭村共有2000多户，人口1万多人，移居港、澳、台和远涉重洋旅居世界各地的亦有6000多人。

镌刻玉融风骨的"两京文衡坊"

两京文衡坊位于福清市阳下街道中亭村，建于明嘉靖六年(1527)。1987年11月23日，被列为第二批县级文物保护单位。

两京文衡坊为花岗岩结构，四坡顶，高约4米，宽3.8米，两柱单门，柱围1.6米。正面横匾阴刻楷书"两京文衡"四字，两边竖刻："巡按福建监察御史胡文龙、知府汪文盛、知县陈逅为戊辰进士河南监察御史陈伯谅立。"背面横匾上阴刻楷书"恩封豸史"四字，竖行阴刻楷书"建于明嘉靖丁亥年"，两旁竖刻"赐进士湖广按察司副使郑慕为敕封监察御史陈文璟书"。

此坊距今虽有497年历史，但仍保护完好，石匾上的字迹依旧清晰。整个碑坊将建筑、书法融为一体，深受历代文人雅士的喜爱。

明嘉靖六年（1527），巡按福

建监察御史胡文龙、福州知府汪文盛、福清知县陈逅为弘扬陈伯谅的功绩,在西亭村街中心修建"两京文衡坊"(又叫"陈伯谅坊")。

那陈伯谅又是何许人也呢?

陈伯谅,字执之,阳下人,明弘治十七年(1504)进士,官至御史,两京学政提督。他任人唯贤,秉公办事,不徇私情。擢升四川提学副使,未赴任即于嘉靖五年(1526)去世,年仅45岁,朝野无不为之惋惜。

御史,负责监察各级官吏,按现在话说就是搞纪检的。明武宗时期,太监刘瑾得明武宗的宠爱,数次升迁,官拜司礼监掌印太监。掌权后趁机专擅朝政,作威作福,鱼肉百姓,为"八虎"之首,时人称他为"立皇帝",武宗为"坐皇帝"。陈伯谅不畏权贵,为灭除奸逆,整肃朝纲,数次上谏痛陈太监刘瑾的罪行,险遭迫害。由于他刚正不阿,被誉为"名御史"。

陈伯谅娶阳下上街林氏为妻,生有陈一靖、陈一科。据清乾隆版《福清县志》记载,陈一科,字子章,嘉靖十三年(1534)举人,曾任湖北应山县知县,"居官有守,不愧家声"。陈伯谅的孙子陈见,字若愚,嘉靖二十五年(1546)举人。嘉靖三十七年(1558),1000多名倭寇进犯福清,攻陷县城,杀掠千余人,放火烧毁官舍民房,知县闻讯后仓皇逃跑。陈见率领百姓奋起反击。被捕后,与训导鄢中涵、监生林鼎一同牺牲,被誉为"抗倭英雄"。陈伯谅的曾孙陈世浚,为崇祯庚辰科进士第十名,钦赐"行人司行人"之职。

今天的两京文衡坊,隐没在热闹的市场中,两旁的店铺鳞次栉比,狭窄的街道上各色行人来来往往。人们从两京文衡坊下穿过,也许并不知道历史上陈伯谅及其子孙的事迹。但牌坊屹立近500年,却保存完好,成为阳下的一道风景线。

抚不尽乡愁的"三口古井"

阳下街道有三口宋井,是研究福清宋代生产力水平、生活习惯和雕刻工艺的重要实物标本。

后坂宋井位于福清市阳下街道后坂村，井圈由整石凿成，卵石堆砌成圆形井壁，深约5米，石刻外六角内圆形井栏。井栏侧面刻"本院僧智恭为四恩三文法界含生捨钱二十五贯文造井一眼永镇宝方顺传良因治平四年岁次丁未三月日住持主沙门亚昂题"，井栏高0.6米，内径1米，外径1.2米。

后坂宋井

西洽宋井位于福清市阳下街道西洽村，卵石造砌圆形井壁，石井栏外八角内圆形，每边长0.6米、高0.6米、外径0.7米、内径0.65米，其中多面有题刻，如"大宋""元□""龙居寺""当院□""□□""造□"等字迹，因漫漶不清、难以辨读。

西洽宋井

屿边宋井位于福清市阳下街道屿边村村道旁。由条石迭砌六角形井壁，六角形井栏用6块带榫卯的大石板拼成，其中三面刻有铭文，已漫漶不清。有"劝首□□□题""陈元祐捨三十五贯""□父女造□未五月"

屿边宋井

字样。井栏通高0.75米，六角形，外径1.4米，深约8米以上。在井圈左侧约5米处，还保存有一石盂。该古井具有很高的文物价值和观赏价值，值得人们探索和研究。

在生产力极端落后的时代，打造一眼水井，不仅需要花费很大的人力

物力，而且还需要智慧以及拼搏精神。一部阳下古井的历史，就是玉融儿女坚强不屈、勇于拼搏的历史。

东漈寺

与石竹山齐名的千年古刹东漈寺

东漈寺又名"龙王宫"，位于阳下街道漈头村东北东漈山北麓。寺北有王母山，东有云漈山，南有东漈山，三山涧流在东侧天马山山麓交汇后成"Y"形，如玉龙从寺前环绕而过。流泉穿云劈翠，盘旋冲击，在寺附近形成"龙潭"。相传昔时，每逢久旱无雨，田园干裂，豆禾枯焦，百姓便集聚该处祈雨。

东漈寺创建于唐贞元年间（785~804），明清两代曾多次扩修。清嘉庆二十年（1815）曾经大修，道光二十一年（1841）重修。之后，因多年未加修缮，破损不堪。1978年之后，在华侨、港澳同胞和诸多善信的支持下，进行了大规模的修复。

1987年11月23日，东漈寺被列为第二批县级文物保护单位。2005年3月，东漈寺再次重新修建，随后经过多次的修修补补，才有今日的寺貌和规制——九使公郑将军庙、观音殿、九鲤仙楼、四海龙宫、土地公庙、东漈寺等寺庙错落有致地排列。

站在山脚下，新建的四柱凉亭，琉璃瓦铺顶，在日光照射下闪烁生辉。

东漈寺门墙上镶嵌的石碑上有"嘉庆二十年重修　岁次乙亥仲春谷旦"字样，门口"文物保护单位"青石碑后刻着："清嘉庆二十年（1815）建，由大雄宝殿、仙楼、暗室等组成。歇山顶土木结构，保存完好，公元1938年至1949年为我地下游击队联络和指挥所。"

东漈寺的大雄宝殿为歇山顶土木结构建筑。正中佛坛上供"三世佛"，佛像前站列四海龙王。左边佛龛供奉观世音菩萨，右边供奉大势至菩萨。大殿两旁供奉弘扬佛法、功德无量的二十四诸天王，体势前倾，状如洗耳恭听释迦牟尼讲经说法，形神兼备，各尽其态。大殿有副楹联："佳水、佳山、佳景、佳事，千秋佳地；痴声、痴色、痴梦、痴情，几辈痴人。"大雄宝殿后座是九鲤仙楼，奉祀九鲤仙子，塑像面朝西南，与石竹山寺里的九鲤仙翁遥相呼应。

东漈寺前悬崖峭壁，称为"龙王坑"。涧水飞流直下，落差30多米，犹如蛟龙入潭。相传有好事者曾将一扁担投入潭中，数日后竟在几十里外的海口港见到此扁担。当地群众皆言"潭江相通"。

东漈寺后茂林修竹，静寂幽深，与寺前的水潭相映，给人以"烟霞深处春无限"之感。

东漈寺内各座寺庙功能不同，各司其职。观音殿供人抽签，九鲤仙楼供人祈梦，四海龙宫供大众祈雨。当然，东漈寺最主要的当数祈梦，素有"东龙王（龙王坑），西石竹（石竹山）"的美称。九鲤仙楼奉祀何氏九仙君，神像面朝西南，与石竹寺的九仙君遥相呼应。民间也有关于不信任石竹寺祈梦而受到东漈寺仙君严厉批评的传说，这两所寺庙都是福清大地上不可多得的千年古刹。

历史昭其源，文化铸其魂。阳下因生态而美，因生态而兴，凭生态而立。在推进城市化的过程中，阳下街道弘扬传统文化，传承保护城乡特有的山水风貌和文化基因，让文明、美丽和活力在城市里充分涌流。

第五章 红色热土

阳下

阳下，是一个有着深厚历史文化底蕴的宜居区域，更是一片有着光荣革命斗争历史的红色热土。

这里，是"福清革命摇篮"。90多年前，革命先驱陈炳奎在《融声》报上发出了"旧时代的经济在崩溃，新时代来了"的呐喊，与进步青年组织成立"同攻读书会"、创办农民夜校，进一步表明了向着一切反动派和社会黑暗势力作斗争的决心。

这里，是为革命献身的"富二代"余长钺的出生地。1934年，中共福清第一个县委在这里建立，这里，是"南西亭暴动"的策源地。"县委领导农民武装反抗封建地主的一次成功的实践"载入福清革命史。

9个老区村、21位革命烈士、7处红色史迹……这片红色热土，在福清革命史上留下浓墨重彩的篇章。

二是北西亭群众基础较好。何文成、陈炳奎在北西亭小学任教时，开办了农民识字班，两人白天上课，晚上不是在农民识字班义务教农民认字、学习简单算术，就是到农民家访贫问苦，帮他们代写家书，借机讲革命道理。经过他们的积极努力，北西亭一带农会组织迅速发展，抗租抗税斗争开展得很顺利。

三是陈炳奎和余长钺都是北西亭人。陈炳奎就是漈头村人，不但漈头村陈氏都是陈炳奎亲戚，上亭、北亭一带的陈氏也与他沾亲带故，都属"漈阳陈氏"。余长钺是近在咫尺的阳下村人，姐夫家是北亭村大户。

中共福清县委成立旧址

县委旧址雕塑

陈炳奎和余长钺家族在北西亭一带都很有影响力，能起到很好的保护作用。事实也证明，中共福清特支领导人、第一任中共福清县委领导人虽然都牺牲了，但他们没有一人是在北西亭一带被捕的。北西亭一带与县城的距离比福清不少乡镇都近，所以陈金来和俞洪庆担任中共福清县委书记时期，都将北西亭一带作为自己和战友们的落脚点和庇护所。

四是漈头村地理位置遇事易于撤退。漈头村北面靠山，遇到军警抓捕时便于紧急撤退藏匿山间。

五是陈氏支祠为大家族议事之处，南来北往的陈家人较多，可成为天然的掩护。

县委书记何文成曾在陈氏支祠墙壁上题写刚劲有力的四个大字——

"勤朴刚毅",以此勉励广大群众为革命事业艰苦奋斗。

中共福清县委成立后,福清革命重心由城镇转向农村,掀起了农民革命热潮,举行了声势浩大的"南西亭暴动",打击了福清的封建势力和国民党反动派的嚣张气焰,福清革命由此进入了一个新时期。

2020年6月,福清市委实施中共福清县委成立旧址提升改造工程,拆除福清市漈头革命历史纪念馆,将福清县委成立旧址陈氏支祠和附近古民居一、二号进行修缮,采用声光电等现代科技手段,结合场景、文物和照片,在建筑内部重新布展。与此同时,还增加了红色广场、环水木栈道、100亩向日葵花海等配套设施,并在周边设有革命史陈列馆、党建引领展示馆、红色生活馆等场馆,总占地约19亩,建筑面积1090平方米,成为全市党史学习教育阵地、党性锻炼实践阵地、红色文化传播阵地、党建成果展示阵地。新馆于2021年6月16日开馆。

中共福清县委成立旧址纪念馆

中共福清县委成立旧址纪念馆

陈氏祠堂:承载革命"星火"

陈氏祠堂,位于阳下街道北西亭漈头村钱塘溪畔,坐西向东,始建于明正德年间。漈阳书院,系陈氏祠堂的附属部分。

陈氏家族世代聚居在北西亭,陈氏祠堂历经几百年沧桑。1937年,陈氏31世孙陈元春和32世孙陈汝霖等26人商议决定,拆除古祠,按原貌重建,祠堂占地662平方米，建筑面积560平方米。

漈头村是革命基点村。1941年春夏之间，按照中共福建省委和闽中特委的部署，福清中心县委把隐蔽在海上伪和平救国军中的干部和武装人员全部撤回，组建了三支抗日游击队。其中第一支是福平（福清、平潭）沿海抗日游击第八中队，由中共福建省委委员陈金来组建领导，队部设在陈氏祠堂。第八中队以陈氏祠堂为据点，四出打击日本侵略者。7月，游击队转移长乐参加抗日斗争。在陈金来带领下，第八中队在长乐琅尾港击毙田中岛等日军官兵42人，是当时闻名华东地区的"琅尾港伏击战"。

抗战胜利后，陈氏祠堂又成为中共地下游击队议事之所，中共闽中地方组织的领导人都曾集中在这里，共商义举，为中国人民的解放事业立下了汗马功劳。新中国成立后，陈氏祠堂成为群众集会的场所，现作为该村老人的活动场所和农家书屋。

陈氏祠堂

陈氏祠堂由于多年改作他用，破损严重。1995年，乡亲自愿集资，按原貌修葺了古祠，1996年元旦竣工。新修的祠堂主体为六扇一座，大厅正中有神主龛，供奉一世祖和二世祖雕像。大厅两边有厢房，上下厅中间有天井，右边建有厨房，左边是漈阳书院。祠堂和书院前面是祠埕，面积102平方米。始建于明朝的古祠、书院，现仍保存明清建筑的特色和风格，显得古香古色。

陈氏祠堂、潆阳书院紧邻，相互呼应，环境优美。陈氏族亲中革命烈士有陈炳奎、陈振先、陈金来、陈登英等四位。陈氏祠堂大厅里悬挂"浩气长存"的木质牌匾，是为纪念陈炳奎、陈振先、陈金来三位烈士而设的。

第二节　西亭剧团：望向舞台之外

福清市北门外西亭村，人口集中，古今名人不少，在历史上享有文化名村的声誉，文化艺术活动历来很丰富。

1938年春夏之交，阳下西亭中心小学的校长、教师、工友和小部分学生经过充分的准备，组建了"西亭救亡剧团"。这个剧团属福清县抗敌后援会领导，全称为"福清县抗敌后援会西亭救亡剧团"。剧团的团长由西亭中心小学校长陈学侨担任，导演兼编剧由教师陈师淹担任，工友陈祖玉负责后勤工作，教师演员有陈学侨、陈师淹、陈凤鸣、陈祖球等，学生演员有陈齐机、陈铁英（现居台湾）、陈兰英、陈康华、陈训合、陈祖铜……此外，归侨青年陈训才也参加演出，他擅长京胡，拉一手好琴，还会演唱京剧，还有冯可光等几个青年组成乐队担任伴奏。

抗战初期，西亭中心小学师生大唱抗日歌曲，如《义勇军进行曲》《大刀进行曲》《保卫黄河》《打杀汉奸》《松花江上》《抗战莲花落》《黄水谣》……每天下午写字课前，安排30分钟教唱抗日歌曲，每天早晨升旗仪式后和傍晚降旗仪式前，都集中在操场上唱一二首抗日歌曲。群众组织的壮丁队穿上灰色军装，每天早晨、傍晚集中在北亭村鸭姆桥边的大厝埕上进行队列训练，也学唱抗日歌曲；许多校外的青少年也都跟着唱抗日歌曲，形成一股大唱抗日歌曲的热潮，"西亭救亡剧团"就是在这样的背景下组建起来的。

剧团演出的内容，清一色宣传抗战，有闽剧、话剧、歌剧、活报剧、大合唱、独唱等。演"闽剧"，那简直是"四不象"，有唱闽剧曲牌，也唱京剧曲调，还有歌曲、民间小调，只要配得上，唱得顺口就成。演出剧目有闽剧《铁血鸳鸯》、活报剧《放下你的鞭子》、话剧《班起投笔从戏》、独唱《松花江上》等。

1938年6月的一个晚上，"西亭救亡剧团"在北西亭村四榕公祠堂的大舞台上做建团第一场宣传演出。那天晚上，四榕公祠堂大厅上人头攒动，挤得满满的，真是座无虚席，盛况空前。演出的节目有抗日歌曲大合唱、独唱，有活报剧《放下你的鞭子》、闽剧《铁血鸳鸯》等。特别是独唱《松花江上》唱到"流浪！流浪……爹娘啊！爹娘啊！哪年哪月？才能够回到我那可爱的故乡"时，引起现场观众的强烈共鸣，台上台下歌声连成一气，独唱变成慷慨激昂、惊天动地的"大合唱"。当闽剧《铁血鸳鸯》演到一对热血男女青年冲破双方封建家庭阻力，投笔从戎，走上抗日救国道路时，观众掌声不断，口号声不绝，掌声和口号声融在一起，激发了观众的爱国热情，当场就有陈训增等十几位青年报名参军，奔赴前线抗日。

这个宣传抗日救国的剧团，从1938年春夏之交组建到1941年4月福清沦陷被迫解散的三年间，仅停止活动半年。那是1939年下半年，西亭中心小学与县城的西城小学合并，校址仍然在西亭中心小学，校名也没有更换，校长和教师都由西城小学原班人马担任，还有一批原西城小学的学生前来就读。原西亭中心小学的校长和教师只好离开，到其他地方另谋生路，因而剧团也就停止活动了。1940年春，原西城小学的校长、教师和学生都回城去了，原西亭中心小学的校长、教师都回来了，剧团随之恢复活动。剧团组建后的两年半时间里，一直活跃在福清县北区的许多村庄，除了经常在北西亭村演出外，还经常到漈头、后坂、上街、东田、阳下、仕边、作坊、后连等山村为群众演出。

演出的时间都是在晚上。演员们提早在家里吃晚饭，然后集中在学校，大家扛着道具，带着服装和化妆盒出发。到了演出地，马上动手化装、布置舞台……演出结束后，演员们自己收拾好道具、服装和化妆品回校。当时宣传演出都是义务性质的，接受宣传演出的村庄，只负责舞台上照明的灯光和演出结束后的点心，也就是煮几桶菜稀饭让演职员吃。那个时候的道具很简单，除了用木头制成的10支步枪和3支短枪外，其他的都没有，连舞台上用的前幕、边幕、天幕也没有。舞台布置，只是摆了桌子、椅子而已。

除了演出外，剧团还经常利用节假日走村串巷，宣传抗日救国理念，并教唱抗日歌曲。所以，抗日战争时期北西亭村的群众绝大部分都会引吭高歌抗日歌曲。西亭救亡剧团的宣传演出活动，有力地推动了福清的抗日救亡运动。

1947年至1949年，福清的几家闽剧团大部分都倒闭了，演员们流离失所，过着十分悲惨的生活。有的去拉板车，有的去乡下讲评话，年老体弱的大多数流落街头，沦为乞丐，在城乡基本上看不到闽剧演出。

1949年8月16日，红旗插上双旌山，红太阳的光辉照遍福清大地。"福清解放了！""福清人民解放了！"翻身农民欢欣鼓舞，学扭秧歌，学唱歌曲，"解放区的天是明朗的天，解放区的人民好喜欢，民主政府爱人民呀，共产党的恩情说不完呀……"许多翻身农民都情不自禁加入了庆祝解放游行队伍的行列。

但是，这样的场面不会天天都有，许多青年农民就想到自己唱戏来了。大家围在一起议论开了：没有剧本怎么办？没有导演怎么办？没有后台配乐怎么办？没有服装怎么办？没有经费怎么办？但是，困难难不倒翻身农民，这几个"怎么办"，都用"想办法"来加以克服。

组建剧团首先要解决剧本问题。福州解放不久，中国人民解放军三野十兵团京剧团进驻福州，在福州市台江三山戏院演出古装京剧《九件衣》，轰动了整个榕城，这出戏是反霸斗争的戏，是农民自己的戏。有人看过这出戏，把剧情介绍给大家，大家都想改编并上演《九件衣》。青年农民陈其辉、郑学康提出到福州去看京剧《九件衣》，把主要人物、情节、场次和台词记下来，拿回来自己动手改编。说干就干，他们两个步行35华里山路到长乐县坑田村码头，自费乘坐小轮船上福州看戏。经过四个钟头的水路，到达福州台江第三码头，上岸时已是傍晚五点多钟了，他们在街边的饭摊里吃了晚饭，立即买票进场看《九件衣》演出，并做好记录。晚上看完戏，他们回到船舱里倒头就睡，船开了也不知道，天刚亮就到达坑田村渡口上岸，连早饭也顾不得吃，就马上翻山越岭回家了。

当天晚上，陈其辉、郑学康就和大家在一起讨论改编剧本问题。在改编的过程中，由陈其辉口述，郑学康执笔。他们首先列出这出戏的主要人物，再把场次写出来，接着把每场的人物列出来，然后根据每场的情节写出唱词和对白，最后再根据实际需要给唱词配上闽剧曲调，在配曲当中还要修改唱词。忙了一个星期，剧本初稿写出来了，根据各方面条件分配角色，陈齐钿的儿子陈家良演小生，饰青年农民申大成；陈训才演青衣，饰申大成的妻子；陈齐仁演青衣，饰申大成的姐姐；陈齐斌演孩生，饰申大成的儿子；林修团演武生，饰李闯王部下的将领；陈祖术演武生，饰马夫；林拉黑演三花，饰贪得无厌的糊涂知县；陈阿妹仔演大花脸，饰恶霸地主；陈月官演三花，饰恶霸手下的奴才……还安排了许多跑龙套、当家丁的群众演员。后台配音有陈齐斌的伯父、父亲和哥哥陈齐智，还有陈祖积等十几人。后来剧团发展了，根据需要，又吸收了林修炎、陈训栋、陈训合、陈训易、陈宝琳、陈祖华等人参加。

排演开始了，陈其辉担任总导演，指导唱腔，还要前后台联络，演员们每天晚上都排练到深夜。当时没有经费来源，所用的钱都是自己掏腰包，晚上点的油灯都是从自己家里拿来的，排演时用的油灯是"三抛莲"，点的煤油都是演员自己拿钱去买的，晚上排演看到煤油快点完了，第二天，每个演员都会自觉地拿来甘薯或甘薯片去换煤油，从不计较个人得失。

经过一个多月的排练，能上台演出了，大家决定于1950年6月下旬的一个晚上进行彩排。彩排需要服装，所以面临着外借服装的问题。经过大家的努力，向倒闭的闽剧团借了几套古装戏服装用于彩排。

彩排后两天，古装闽剧《九件衣》在西亭"南山公祠堂"正式上演，台下人头攒动，观众看到贫苦农民受压迫，负屈含冤，在法场上被杀害时，都流下了同情的眼泪。当演到申大成的姐姐、妻子、儿子获救，恶霸地主和狗腿子被李闯王部下将领抓获,受到应有的惩罚,观众欢声雷动,拍手称快。台上演员和台下观众情感交流,十分感人。在观众强烈要求下,第二天晚上再度上演,仍然爆满。

第一次演出成功,给演职员们极大的鼓舞。接着又改编现代歌剧《血泪仇》为闽剧,演出后群众反映很好。许多邻近村庄都来邀请这个自编、自导、自演的西亭农民业余闽剧团演出。那时候,出村献演只请吃饭,负责舞台上点的油灯,其他报酬一点都没有。由于上演剧目内容贴近受苦受难的农民群众,受到群众的热烈欢迎,每到一处都收到赠送的锦旗,饮誉归来,名声大噪。

西亭农民自己组织起来自编、自导、自演的业余闽剧团,在1950年下半年到1952年在配合反霸斗争、土地改革、抗美援朝、扩军备战的宣传中起了很大的作用,成了一支受群众欢迎的闽剧团。

后来,闽侯专署举行第一届业余文艺汇演,西亭农民业余闽剧团由县人民政府直接抽调前往闽侯专署参加汇演,上演现代闽剧《血泪仇》,受到好评,获得"百花齐放,推陈出新"奖旗一面。剧团载誉归来,在福清更有名气了,许多村庄如有开会,都要来西亭请剧团宣传演出,成为福清县农民业余闽剧团中的佼佼者。

西亭农民业余闽剧团,在解放初期,为活跃农村文化生活立下了汗马功劳,在党的中心工作的开展中起了很大的作用。后来在爱国华侨的资助下,购置了服装和道具,经常应邀演出,群众反映很好。

这段历史,成为福清老一代人的美好回忆。

第三节 三场战役:向着胜利勇敢前进

抗日战争和解放战争期间在阳下地区的战斗,分别是:1941年6月底的漈头突围战、1944年11月底的新局阻击战、1949年8月18日的作坊山歼敌战。

漈头突围战。1941年4月底,陈金来带领的福平沿海抗日游击第八中队50多人以漈头村为基地,纪律严明,战斗力强,多次袭击小股日军,打了一些胜仗，很受群众拥护赞扬，因而引起国民党顽固派的嫉妒和怀疑。他们根据第八中队的士气和战术，断定该中队是共产党的队伍，不仅不与其配合抗日，还想方设法要消灭这支武装。在6月底，福清警察局长练友山纠集200多名武装包围漈头村，妄图把第八中队消灭在漈头祠堂里。在群众掩护下，陈金来连夜率队突围，到长乐下丁，与陈亨源游击队会师。

新局阻击战。1944年11月底，福清第二次沦陷后，占据县城的日军四处劫掠。一小队日军扛着膏药旗向北区新局村方向窜来，附近百姓纷纷奔跑逃难。当时郑笑妹和儿子曾焕章在溪东村，眼看日军来犯，热血沸腾，母子俩一起发动群众起来抗击侵略者。她向群众呼吁："有骨气的男子汉站出来，打日本鬼子去，莫作亡国奴！"溪东村一群热血青年纷纷响应，郑笑妹带着他们从有钱人家借来9支防匪用的步枪，于是一支临时凑集的抗日队伍组成了，他们迅速埋伏在溪东河背的坡地上。当敌人从河对岸大摇大摆而来时，愤怒的子弹射击敌群。敌人被突如其来的袭击打懵了，以为遇上共产党游击队，仓皇伏地乱成一团，只是胡乱猛烈地开枪，不敢向前跨越一步。双方隔河对射，持续了一个多小时。敌人不敢久战，狼狈撤回县城。

作坊山歼敌战。阳下作坊山一战，是我军解放福建过程中歼敌指挥机关级别最高、俘敌将领最多的一次。1949年8月18日，第十兵团29军侦察营得知从福州撤离的5000名残敌已弃城南逃，妄图经福清作坊向平潭渡海逃窜的消息后，派部队迅速抢占作坊地域的墓林地制高点牵制敌人，等我方主力部队赶到作坊增援，敌人渐渐失去反抗能力，向我军投降。此战降敌中有将级军官11名，其中中将1名，少将10名，校级以下官兵4700余人。

第四节 隐秘而伟大的传奇人生

陈炳奎：永远无法兑现的结婚承诺

陈炳奎是洋派的，他闯过上海滩，读过三所闽沪名校，他西装革履，仪表堂堂，风度翩翩。不是没有人深爱过他，也不是他没有过心仪的人，而是他选择将自己全部的爱与情，献给了共产主义事业，主动选择了"革命未成何以家为"。

白色恐怖中投身革命

陈炳奎，谱名祖进，别名秀南、绍光，参加革命后曾化名陈珊。清光绪三十三年（1907）生于福清阳下一个贫苦农民家里，童年丧父，家中愈加贫困。母亲是典型的福清女人，性格坚强，吃苦耐劳，持家有方。在丈夫陈振春早逝后，她立誓吃尽天下苦也要把一个孩子培养成大学生。因此两位哥哥早早开始奔波营生，陈炳奎却一路从小学读到了大学。

陈炳奎（1907～1937.6）

陈炳奎在福清完成小学教育后，就被母亲送到省城福州读初中。他一心向学，成绩优异。在福州读书期间，正值轰轰烈烈的大革命时期，国共合作，北伐军入闽。陈炳奎因此阅读了大量进步书刊，参加了爱国学生运动。

1928年夏，初中毕业的陈炳奎，考入位于乌石山南麓的福建省立第一高级中学。该校的前身是光绪二十九年（1903）岁末开学的全闽师范学堂，光绪三十二年（1906）改名为福建师范学堂，光绪三十三年（1907）改名为福建优级师范学堂，1913年改名为福建高等师范学校，1914年又改名为福建省立第一师范学校。1927年，师范学校并入中学，改名为福建省立第一高级中学。陈炳奎入校第二年学校又改名为福建省立福州高级中学，1931年改名为福建省立福州师范学校，专办师范教育。1936年全省师范学校并入，改名为省立福建师范学校。全闽师范学堂即是今日福建师范大学前身之一。

陈炳奎进入乌石山南麓校园时，正是中国大地乌云蔽日的至暗时期。"四·一二"反革命政变、"七·一五"反革命政变，蒋介石、汪精卫联手，宁汉合流，无数中国共产党人倒在敌人的屠刀与枪口之下。1927年4月福州"四·三"反革命政变时，陈炳奎在福州目睹革命者唱着《国际歌》走上刑场。正是在革命处于低谷之时，陈炳奎选择了投身革命，他积极参加党组织举行的革命活动，经受住了多种考验。1929年，陈炳奎加入了中国共产主义青年团。1930年转为中国共产党党员。

陈炳奎加入中国共产党后，与福清籍同学何文成等一起，组织福清在省城读书的进步学生参加反帝大同盟。每逢节假日，他就与志同道合的同学在乌石山校园内的"望耕亭"秘密集会，或散发革命传单，或以演讲会、讨论会等形式，揭露国民党反动派勾结帝国主义欺压人民大众罪行，分析中国积贫积弱的原因，动员同学起来改变祖国落后面貌。

在乌石山读书时，为更好宣传革命思想，陈炳奎创办了油印小报《融声》，与进步同学一起著文、编辑、刻蜡版、买油墨，自己印发报纸。母亲和哥哥给他的那点零用钱，他全用在买蜡版和购纸张、油墨、刻笔上。为了省点钱，他还去买了台旧油印机，自己修好后照样可以印报纸。他的文章深刻犀利，富有鼓动性，表现了不畏强暴、敢于斗争的气概，喊出人民群众的心声："旧时代的经济在崩溃，新时代来了，建筑在旧经济基础上的旧道德也到了崩溃之期了"。《融声》报上许多评论时政、宣传革命的文章皆出自他的手。不但在省城读书的福清籍学生爱看《融声》报，许多他乡学子也争着传阅。

1930年12月11日，是中国共产党领导的广州起义爆发三周年纪念日。三年前的这一天，中国共产党在广州领导工人、农民和革命士兵，举行了反抗国民党反动派的武装起义——广州起义，这是中国共产党和中国人民继南昌起义、湘赣边界秋收起义之后，对国民党反动派的又一次英勇反击，是在城市建立苏维埃政权的大胆尝试，在国内外都引起了很大的震动。

福州市党团组织为纪念广州起义三周年，决定举行示威游行，陈炳奎和同学李光、何文成等都积极参加。当晚7点，游行群众涌向位于吉庇巷的国民党闽侯县党部，愤怒地砸毁了办公场所。游行队伍到达安泰桥附近时，遭遇闻讯赶来弹压的国民党反动军警，李光等同学不幸被捕，关押在省防军司令部。

在十里洋场参加地下斗争

1931年夏,陈炳奎结束乌石山校园生活,毕业时学校已更名为福建省立福州师范学校,他随即考入南京私立金陵大学农学院农业专修科。读私立大学费用昂贵,陈炳奎有些犹豫,担心增加家里负担。但母亲和哥哥全力支持,哥哥陈祖筹当即决定把家里仅有的三四亩地卖掉两亩,供他上学。

私立金陵大学农学院,是全国最早创办的农学系科之一,即为今日部属重点院校——南京农业大学的农学院。陈炳奎在南京读书没几天,"九·一八"事变爆发,日本出兵占我东三省,他与同学们一起走上街头,举行集会游行,发表通电,进行抗日宣传,建立抗日团体,要求国民政府停止内战,一致对外,出兵抗日。

在南京读书期间,陈炳奎执着地寻找上海地下党组织,但一直没有寻找到。一个很偶然的机会,陈炳奎了解到上海有所新成立不久的私立大学,名为"上海持志学院"。他先是有感于持志学院的校歌与自己读书目的契合,校歌里的几句歌词他特别喜欢"读书非为己,学问无所私""持我此志,努力社会(国家、民族)无穷期"。后又觉得校训也与自己处事治学原则一致:"好学近乎知,知耻近乎勇,力行近乎仁。"同时,也为了到上海寻找党组织,他一直想一边读书一边为党工作。于是,决定转学。在南京金陵大学农学院读了一个学期后,陈炳奎转入上海持志学院。上海持志学院,即是今日全国部属重点院校——上海外国语大学前身之一。

在位于上海新体育会路上的持志学院里没读几个月,就遇上"一·二八"淞沪抗战。1932年1月,日军入侵上海,我十九路军英勇还击。校园里再也放不下一张安静的课桌,"日兵机关枪队冲入学院,纵火焚烧,可容千余人的大宿舍、二层楼教室、大礼堂、图书馆、膳厅、食品室等全部烧毁"。陈炳奎和同学们除了走上街头,向市民宣传抗日,发动大家支援十九路军打击侵略者外,还与同学们开展募捐活动,冒着敌人的炮火将募得款项、食品、药品送到十九路军军营。日军铁蹄踏破了中国最繁华的上海市,日军惨绝人寰的暴行,无不更加坚定陈炳奎跟着中国共产党救中国的决心。

1932年7月，陈炳奎放暑假回到家乡福清。期间，他联络革命同志，发展革命力量，参与组建福清历史上第一个党支部——中共福清特别支部，并任支部委员。

在"一·二八"淞沪抗战后，上海持志学院筹措经费，于上海东体育会路（今水电路广灵二路西首）重建校园。同年秋天，持志学院迁入水电路新舍复课。陈炳奎返回上海，继续求学。求学期间，他依旧参加革命活动，在学生中筹建革命组织。不料事泄，陈炳奎遭上海军警通缉。1933年，陈炳奎不得不中断学业，离开沪上，回到家乡福清继续进行革命活动。在漈头老家，经常于夜阑人静时，撰写文章，油印宣传材料。为了更好地进行隐蔽斗争，他留长发，穿西装，着长袍，要是遇上紧急情况，或剪掉长发，或脱去乔装，好避敌脱险。

|回乡参与组建中共福清县委

1932年暑假，陈炳奎与在上海、南京等地读书的福清籍返乡青年学生在城关官塘墘、玉融小学和深巷刘祠的道南小学等处，多次反复讨论成立"读书会"各项事宜。11月2日，成立了"筹备会"，定名为"同攻读书会"，其内涵是：共同攻读马列著作，共同向着一切反动派和社会黑暗势力做斗争。

"同攻读书会"吸引了很多知识青年，会员达300人。该会通过会员赠书和购买书籍相结合的办法，选藏了2000多本新时代书刊，如，中文译本《马列主义启蒙读本》、政治经济学、哲学及鲁迅、田汉、郁达夫、茅盾所著小说、杂文、剧本等。它是福清最早介绍马列主义等进步书刊给青年学生的公开社团。该会又出版会刊，搞文艺演出，一开始就显得十分活跃。12月，读书会在城关中涧寺公演《阿Q正传》，陈炳奎饰演赵太爷。此剧无情地揭露了旧制度的腐朽、罪恶与黑暗，抨击了旧社会的反动势力，受到人民大众的赞赏，也引起反动当局的注意。1933年秋，国民党逮捕余长钺，追踪陈炳奎，并以"通共"为借口，封闭了"同攻读书会"。

1933年9月，陈炳奎经挚友、玉融小学校长吴绍徽介绍，到玉融小学任教。在课堂上，他抓紧点滴时间揭露日军侵华暴行，引导学生思考近代中国屡遭外敌侵略的原因。他以教师职业为掩护，在中共福清特支书记何文成领导下，秘密开展革命工作。

同年11月20日，"福建事变"爆发，反蒋抗日的中华共和国人民革命政府在福州成立，特赦政治犯。陈炳奎与何文成一起到福州，去接出狱的另一位支委余长钺回乡。三人在福清合力开展抗日工作，他们发动民众抵制日货，组织抗日宣传演出。与此同时，他们根据上级党组织的指示精神，通过办夜校免费教农民识字、学简单算术这一形式，组织农民起来反抗黑暗的社会。陈炳奎此时已转到老家的北西亭小学任教，他在北西亭也办起夜校，利用夜校讲解革命道理，使北西亭一带多个村庄成为革命基点村。

1934年1月，陈炳奎参与筹组中共福清县委。在历史上第一个中共福清县委成立后，成为第一任县委委员，参与策划和领导了"南西亭暴动"。在"南西亭暴动"之后，他又参与策划和组织"北西亭暴动"。

| 将娶妻钱用作革命经费

1935年5月，中共闽中特委成立后，陈炳奎任特委委员兼中共福清县委书记。当时，中共闽中特委已与上级党组织失去联系，他们在极其困难的情况下，坚持开辟了罗汉里等闽中三块游击根据地，组建了闽中工农游击第一支队、第二支队，在敌人重兵"清剿"之下开展艰苦卓绝的游击战。据《连江革命史》介绍，1935年3月，中共连江县委部分领导和闽东红军西南团一部转移到福清。在中共闽中特委成立后，中共连江县委加入新成立的中共闽中特委，原中共连江县委书记魏耿任书记。1936年春魏耿叛变后，由中共闽中特委委员、福清县委书记陈炳奎兼任连江县委书记。1937年2月，陈炳奎与黄孝敏等5人被捕，6月23日在福州壮烈牺牲，中共连江县委（闽中特委系统）停止活动。

中共福清县委工作经费，主要靠陈炳奎自筹，家里仅有的一点薄田，收成还不够全家人果腹。看到年迈的母亲还在田里劳作，看到勤劳的哥哥拼死拼活也难以让自己的儿女不挨饿，他实在张不开口提出卖家里最后剩下的一点薄田。而自己微薄的一点工资，又已经全部用作中共福清县委工作经费。

一次，母亲又催陈炳奎结婚，无意中说："你哥昨天又借到了一点钱，给你结婚用。"原来，陈炳奎从上海回到福清后，母亲与哥哥商量，准备要把陈炳奎的婚事办了。母亲和哥哥拿出从牙缝里抠出的钱数了数，觉得不够，就开始到处找人借。

一听到有这钱，陈炳奎很是心疼母亲和哥哥，但是一想到县委经费有了，他的眼睛又亮了。

一日，陈炳奎郑重地对母亲和哥哥说："我不准备现在结婚。"

母亲和哥哥愣住了。母亲问："为什么？"她担心儿子走南闯北眼界高，就说："只要聘金足，以你的学识、模样，可以找得到很好的。"哥哥也说："钱不够，我再去借。"

陈炳奎说："我想过几年再说。"

母亲说："你多大了？转眼就三十了！"

陈炳奎不是没有与爱情相遇的机会，在福州，在南京，在上海，他都从女同学投来的火辣辣目光中读出了芳心，但他却始终没有接过这些如火的眼神。因为他知道革命者随时都有牺牲的风险，他不想在赴死时觉得自己愧对了与爱人白头到老的承诺。

陈炳奎对母亲说："这样好吗，你把结婚的钱给我，我一定会给你带个好媳妇回来"。

母亲问："什么时候？你给个时间。"

陈炳奎说："等我要做的事成功时。"

母亲再问："你做的事，会成功吗？"

陈炳奎坚定地点点头："一定会成功！"

母亲从小儿子坚定的眼神中读懂了他的决心。她把给陈炳奎娶妻的钱，郑重交给了他。

一生重信的陈炳奎，第一次失约

陈炳奎失约了，他没有让母亲等到他带回媳妇的那一天。这是一生重信的陈炳奎第一次失信，也是唯一一次没有践约。

1937年2月16日，前往莆田梧塘洪度村参加中共闽中特委会议的余长钺，因莆田籍叛徒薛宝泉的出卖，与闽中特委书记王于洁、委员黄孝敏和潘涛等人一起被捕。随后，叛徒薛宝泉又带宪兵便衣队到福清抓走了陈炳奎。

五位中共闽中特委领导在狱中威武不屈，敌人百般酷刑和金钱高官利诱，都动摇不了陈炳奎和战友们钢铁般的意志。1937年6月23日，当法庭最后宣布他们死刑时，法警端给每人一碗白酒，他们接过酒碗，摔向法官，并严词痛斥："抗日救国有何罪过？"敌人随即把他们押赴鸡角弄刑场，在刑车上他们高唱《国际歌》，高呼革命口号。悲壮的歌声、洪亮的口号声响彻长空，动人心弦。面对死亡，他们昂首挺胸，慷慨激昂，为人民解放事业流尽了最后一滴血。

陈炳奎唯一可以告慰母亲的是，他小处失约，大节守信，他承诺母亲要做的事一定会成功，就真的成功了。1949年8月16日福清解放，1949年10月1日中华人民共和国成立，只不过听到开国礼炮声的不是他，而是他的亲人们。

余长钺：留一帧举世无双订婚照

豪门少爷，13岁入团

1918年10月18日，余长钺生于福清阳下村一个华侨富商之家，父亲在印尼打拼多年，早已富甲一方。余父与兄弟在印尼日惹合开的"崇华""崇新"两个百货公司，在整个爪哇岛都很有名气。余长钺哥哥也是印尼华侨商界青年才俊，年纪轻轻就事业有成。余长钺上有一哥三姐，大姐早夭，二姐余长彬在外读书学医，唯有三姐余惠忠在家陪伴母亲。余家有钱，儿女们因此都受到了很好的教育。

1928年，余长钺就读于阳下初级小学时，与陈振芳（程序）、余长经、翁家棣、施友银等是同班同学，老师夏昌福是陈振芳二舅，受过新式教育，有浓厚的反帝反封建思想。1928年"济南惨案"发生，夏昌福向学生们谈起日军在济南残忍杀害一万多中国人，还将山东特派交涉员蔡公时等18位中国外交官员捆绑起来毒打。蔡公时据理痛斥日军，日军竟残忍地割掉了蔡公时的耳、鼻、舌，挖去眼睛，将他与其他中国外交官员一起杀害。得知这些消息的余长钺和同学们气愤极了，他们一起奔走宣传抵制日货，倡用国货。他和陈振芳等人看到了村里有家店铺卖日货，就冲到他们店里，搜出日货，一把火烧掉。后来，余长钺就读于县城玉屏小学。

余长钺（1918~1937）

1931年，余长钺考入教会办的明义初级中学，成绩不错。他古道热肠，最爱扶危济困，在同学中很有威信。他平常不舍得花钱，但看见同学经济上有困难就慷慨相助；见校门口常有乞丐讨饭，他省下自己的午饭端给乞丐们吃。正是在明义初级中学读书期间，余长钺加入了中国共产主义青年团。

14岁入党，担任福清特支委员

1932年1月，中共福州中心市委委任黄孝敏为巡视员，到福清总结"龙高暴动"的经验教训，为开展新的工作做准备。黄孝敏到福清后，首先找到余长钺。余长钺与之长谈后，把他带到海口镇斗垣村，向刚从融美中学回家过寒假的陈振芳了解"龙高暴动"具体情况，陈振芳祖父陈国祥是位中医，余长钺还请陈国祥为黄孝敏治疗疟疾。

黄孝敏在福清巡视了十多天，回福州前详尽部署了福清工作，指示陈振芳、余长钺等人分别在东区和北区举办民众夜校，组织秘密农会，开展抗租、抗税斗争。余长钺领命后，通过举办民众夜校等方式，成立了秘密农会，参加夜校的人后来大部分都成了农会骨干，一部分同志参加了游击队，在抗租抗税和三年游击战中发挥了很大的作用。不久，余长钺加入了中国共产党。

1932年7月，中共福清特支正式成立，何文成为书记，余长钺、陈炳奎为委员。同年秋天，中共福州中心市委派遣地下党员何奋到福清发展革命力量。何奋来福清后，接办了县城的一家私塾，改造成了国粹中学，名义上教《三字经》《百家姓》《千字文》《大学》《论语》《孟子》等，实际上主要是向学生宣传反帝反封建、抗日救国思想，组织反帝大同盟，余长钺很快成为反帝大同盟负责人。他积极培植和发展进步力量，成为福清共产党组织内有名的革命小将。由于叛徒出卖，何奋被捕，反帝大同盟随即解散。

福清党团领导，15岁第一次被捕

1932年11月2日，在外读书的何希銮等青年学生组织了同攻读书会，这是福清第一个介绍马克思主义、普罗文学和其他进步书刊给青年读者的公共团体，余长钺又很快成为读书会骨干。同攻读书会公演话剧《阿Q正传》时，余长钺参加了演出。他还在同攻读书乡会刊《同攻》上发表了《血与泪》《尼姑庵》等进步文章。

1932年冬天，余长钺与何文成、陈炳奎等一起深入福清乡村，宣传革命，动员农民起来反抗黑暗统治，组建秘密农会。

1933年下半年，余长钺已是中共福清特支委员兼共青团福清县委书记。9月初，余长钺在明义初级中学的同学余长桐去福州，途中警察检查他的手提包，发现一本日记，上面记有一首革命诗歌，署名余啸秋，于是就把他拘留起来。进一步调查后，警察得知余啸秋是明义初级中学学生余长钺的笔名，警方立即通知福清县县长甘汸。9月19日早晨，甘汸亲自带着军警到明义中学抓走了余长钺。在检查余长钺的在校行李时，发现有本书里夹着陈炳奎写的阶级斗争文稿，甘泛即派秘书陈明干带着军警到玉融小学逮捕陈炳奎。时任玉融小学校长的吴绍徽（1908~1990），是位爱国进步人士，曾相助同攻读书会成立并成为重要会员，还帮助出版《同攻》会刊。他为人机智，特意把县长秘书陈明干请到办公室喝茶，有意拖延时间，他说："大热天，你这么辛苦来我校，先去喝杯茶，再办公务也不迟。"陈明干满头满身大汗，正想喝杯茶凉快一下，就点头同意了。吴绍徽在带着陈明干从校门往校长办公室的路上，正巧遇上陈炳奎，便机智地暗示："同学好！我带县里领导去抓个人。"说着，递了个意味深长的眼色，陈炳奎马上心领神会，不慌不忙地与校长告别，出了校门就一路飞奔，由此顺利脱险。

余长钺被敌人抓走，初审之后即迅速押往福州。当时，余长钺的堂兄余长资（又名余仰孙），正任南京国民政府最高法院推事，在福建颇有影响力，他出面营救，修书急送福建省保安处军法科，引典据规，谓余长钺年仅15岁，未届法定年龄，不得刑讯，不得科刑。堂兄的仗义相助，虽使余长钺免受皮肉之苦，但仍被囚禁在反省院里。

"闽变"出狱，蔡将军盛赞"好样的"

1933年11月20日，"福建事变"爆发，李济深、陈铭枢、蒋光鼐、蔡廷锴等人以国民党第十九路军为主力，在福建福州南校场（今五一广场）召开大会，决定成立中华共和国人民革命政府，并发布了内外政策，提出：对外取消外国的治外法权，废除不平等条约，对内实行联共反蒋方针。新成立的中华共和国人民革命政府贯彻联共反蒋大政方针，发布大赦令，释放政治犯。余长钺和闽东的马立峰、范式人等一批共产党员、共青团员因此获释。"福建事变"，史上简称"闽变"。

陈炳奎与何文成到福州接出狱的余长钺回福清县，三人在路上就商量好了回去要开展的具体工作。回到福清后，他们在县城组织了大规模群众示威游行，支持中华共和国人民革命政府，扩大了反蒋抗日的政治影响。接着，又到龙田、高山一带组织农民斗争土豪劣绅，还利用北西亭小学向学生、老师和家长宣传革命，揭露封建势力和日本侵略者罪行，并在北西亭一带创办夜校，组织文艺宣传队，通过群众喜闻乐见的戏剧宣传革命，深入各乡巡回演出。

1934年1月，"福建事变"失败，十九路军撤出福州路过福清县时，蔡廷锴将军特意在福清明伦堂召开民众大会。余长钺登台演讲，慷慨激昂，他演讲完，蔡廷锴将军拍了拍他的肩膀，盛赞："好样的！"

福清县委领导，16岁指挥农民暴动

也是在1934年1月，中共福清县委正式成立，何文成担任县委书记，余长钺与陈炳奎、陈金来、何胥陶、池亦妹仔担任县委委员。同年春，中共福清县委在福清城关产塘街陈培锟故居召开扩大会议。中共福清县委委员、共青团福清县委书记余长钺传达了省委关于形势的报告和开展春荒斗争的指示，确定了把工作重点从城市转移到农村的工作方针，决定组织"南西亭暴动"，并做了分工安排。余长钺和陈炳奎负责北区工作，他们组织了参加暴动的队伍，余长钺还从家里拿出红色布料，请三姐余惠忠用家里的缝纫机缝制了十几个红袖章和两面红旗，准备参加"南西亭暴动"。这架缝纫机是当年余长钺父亲从南洋带回来的，至今仍保存在福清北亭余惠忠家中。余惠忠活到103岁，临终前还叮嘱儿子要记得常擦擦缝纫机、加点油。

1934年6月28日，"南西亭暴动"打响，余长钺等县委领导都直接参加了战斗。暴动持续三天，7月1日国民党出动大批军警进行镇压。在县委安排下，暴动队伍迅速分散转移，潜回原地隐蔽。紧接着，余长钺与何文成、陈炳奎、何胥陶等人召集会议，总结"南西亭暴动"经验教训，决定在北区的北西亭举行更大规模的武装暴动。

在余长钺等中共福清县委领导的积极组织下，闽侯、长乐、永泰、莆田等地的赤卫队骨干与北区各村农运骨干100多人组成暴动队伍，于同年7月

下旬在福清音西龙溪坝头底清泉寺集合,正准备开赴北西亭举行暴动,就在出发前,突然接到警报,发现北西亭反动民团戒备森严,县委立即商讨对策,余长钺和陈炳奎认为既然敌人有所准备就不宜在北西亭再举暴动,宣布暴动取消,但宣传和动员、组织暴动已将革命武装斗争之火播在了福清北区,为后来的武装斗争留下了火种。

也是在1934年春天,中共福州中心市委遭到破坏,代理市委书记被捕。中国共产党领导的福州市互济会主任刘突军摆脱危险,撤到福清,在中共福清县委书记何文成等人被捕后,刘突军接任书记。8月,中共福州中心市委委员黄孝敏从上海返回福清,随即与刘突军一起召集党团员在福清西区角楼(今福清市镜洋镇西边村角楼自然村)召开会议,决定成立中共福清中心县委,统一领导福清、闽侯、长乐、平潭、永泰等县的革命斗争。黄孝敏任中共福清中心县委书记,余长钺与刘突军、陈炳奎、陈金来、何胥陶、池亦妹仔等为县委委员。后来,敌人四处缉捕参加"南西亭暴动"人员,余长钺于8月下旬隐蔽在音西马山舅舅家。当时,他身患重病,经常咯血,周身长满疥疮,身体虚弱,遇到险情还要抱病转移。二姐余长彬心疼弟弟,就劝说道:"我们家不愁吃不愁穿,日子过得很好,你为何还要去做那种叫全家人为你担惊受怕的事情?"姐姐流着泪告诉弟弟:"我好几次晚上做梦梦见你又被抓了,被打得全身是血,我吓得醒过来,大哭一场。"说着,止不住号啕大哭。余长钺抱着姐姐,直说对不起。他说:"我让一家人为我提心吊胆,我心里也过意不去。但让我停下为天下穷人谋永福的工作,我生不如死。"

外面要抓捕余长钺的风声越来越紧,马山离县城太近。家里人担心出意外,就将病中的余长钺用竹笾子抬到长乐罗联乡东林村的亲戚家养病。

▎为筹革命经费,17岁下南洋"经商"

余长钺在长乐养病数月,身体还未痊愈就出去工作。1935年1月,他曾秘密返回福清,参加在西区樟溪(今福清市镜洋镇长征村掌溪自然村)召开的党组织会议。自他第一次被捕后,父亲再三写信劝他到印尼学做生意,因为革命工作在身,他就是不肯去印尼。

1935年1月,本就淡水奇缺的福清又久旱不雨,春荒严重,游击队生存与斗争都需要钱,地下党筹措革命经费越来越难。患病前,余长钺已将家里能找到、能要到的钱都拿去做了党的工作经费,再筹钱已非常困难。就在这时,归国省亲的余父担心儿子在福清再做冒险的事,再次恳求儿子出国经商。一想到出国可以从家族生意中筹到钱,余长钺就答应随父下南洋,到印尼在家里开的一家布店做生意。他常趁哥哥不注意时把卖布的钱留一些下来,凑到差不多时就寄回国内,给组织做工作经费。有时遇到穷人来买布,他觉得共产党是为天下穷人谋幸福的,有意少收布钱或索性一分钱也不要。月底盘点,父亲和哥哥觉得奇怪,生意兴隆,布也卖得很多,但就是月月亏损。注意观察了一段时间,才知原委。余父担心,继续让余长钺在印尼学做生意,家业会被他掏空。7月初的一天,余父拿出600块大洋,对余长钺说:"如果你回去不再做你的共产党了,我这600块大洋给你,你到上海读书吧!"余长钺一想到这600块大洋可以做组织的工作经费,就一口答应。

| 组建义勇军,结下一生唯一女友

1935年7月,余长钺考入上海的中国医学院,并迅速与共青团江苏省委联系上,开始在上海做学运工作。工作中,他认识了来自广东汕头市的进步青年李平和他的堂姐李若兰。

李若兰是富家千金,有着强烈的反帝反封建思想,从小受到新式教育。1936年农历二月,刚刚过了19岁生日的李若兰,因为不满包办婚姻,带着家里给她作为嫁妆的一盒27件金首饰,跟着堂弟李平悄悄地离开广东汕头老家,来到上海。姐弟俩租住在吕班路的一个亭子间里。李平考上了上海美术专科学校,李若兰插班进入上海一所女子中学读初三。

1936年5月,共青团江苏省委组织系统遭到破坏,书记被捕,宣传部长失踪，团省委和上级党组织失去了联系。组织部长陈国栋（新中国成立后曾任财政部副部长、粮食部部长、国家农委副主任、中共上海市委第一书记）担起临时团省委领导工作。当时，上海地区中共地下党的组织系统都遭到敌人的破坏，除了共青团江苏临时省委以外，还有中国左翼文化总同盟、文总党团、民族武装自卫委员会和赤色工联、武卫党团等组织，因为这些组织都没有上级党组织的领导，只能各自为政，继续为革命工作。

同年6月，广西军阀李宗仁、白崇禧和广东军阀陈济棠与蒋介石之间的矛盾表面化，爆发了著名的"两广事变"，公开打出"抗日救国"旗帜，并联合反蒋。恰逢此时，共青团临时江苏省委所属学委，根据党中央发布的《八一宣言》精神，在青年学生和失学失业青年中宣传抗日，开展抗日活动，并在期间发现和培养了一批抗日积极分子，由此组建了中华人民抗日救国义勇军。余长钺是组织者之一，他奔走宣传，并组织了一批学生加入义勇军。其中就有李平与李若兰，余长钺还是李若兰、李平的领导人。

余长钺与李家姐弟关系很好，与李若兰关系十分密切，但因余长钺始终抱定"革命不胜利不结婚"的决心，两人并未发展成为真正的恋人。但李若兰无疑是余长钺短暂的一生中，唯一结识的女友。

▎为党筹措经费，18岁拍下特殊订婚照

刚到上海时，父兄觉得余长钺脱离了在福清进行革命的战友，安下心来读书了，所以余长钺要钱，父兄都是有求必应。

当时，筹措革命经费十分困难，余长钺多次以各种借口向福清家中、向印尼父兄要钱，而且越要越多。阳下余家人说："能想起的要钱理由都用过了。"因此，家里开始怀疑他又像在福清一样拿钱去闹革命了，余长钺向亲人要钱不再像过去那样有求必应了。

李若兰也是为了党的事业舍得付出一切的热血青年。此时，她不但加入了中华人民抗日救国义勇军，还参加了上海学生抗日救亡剧团，深入街头、学校进行抗日宣传演出。当时，他们开展宣传工作活动经费也十分困难，李若兰也开始变卖自己带到上海的27件首饰。余长钺几次想张口向李若兰借钱，但看到李若兰首饰盒里的首饰越来越少，他实在张不开嘴。

余长钺想了许多办法，还是筹不到钱，只好硬着头皮叫父母寄钱。他父母听上海亲朋好友说余长钺所谓用钱多是花在其他开支上，便越来越警惕。父亲又寄来了一笔款子，并郑重相告："你再不好好读书，有钱乱花，这次是我最后一次寄钱给你了。"余长钺向亲人要不到钱了，组织义勇军又需要钱，只好向李若兰借钱，李若兰将剩下的几件首饰，一件件全部卖掉，把钱交给了余长钺。

有一天，余长钺突然对李若兰说："我们一起去拍一张合影好吗？"李若兰觉得莫名其妙，就说："我们都没钱了，你还去照什么相？"余长钺笑着说："就是因为没钱了，我们要筹钱才去照相。"原来，余长钺想用假订婚照再去父母那里"骗"点钱。两人立即上街拍了一张合影，作为假订婚照，准备寄回家。李若兰毕竟年长一岁，心细的她说："索性要装就装更像一点，我把刚织好的那件红色毛线衣寄给你三姐。"余长钺在随订婚照、毛线衣寄给

余长钺和李若兰的假订婚照

家里的信中说，红毛线衣是李若兰一针一针织的，是送给三姐的礼物。果然家里收到订婚照和红毛衣，都很高兴，相信了余长钺花钱多是因为谈了位有钱的小姐。三姐余惠忠不但将自己的私房钱全部寄给弟弟，还一个劲地劝父母多寄些钱到上海，说："这姑娘也是大家闺秀，出身豪门，我们太小气了会让人家看不起。"家里又给余长钺寄来了一大笔钱，解决了他革命的经费问题。

|香港奉命作别，一个回闽中一个去厦门

在"两广事变"爆发后，上海救国会向共青团江苏临时省委转达了李

宗仁、白崇禧请求增援的信息，共青团江苏临时省委指派宣传部部长孙大光（新中国成立后曾任国家地质部部长、交通部部长）任义勇军政委，率先遣团南下，任务是：在南方组建义勇军组织；开展抗日救亡运动；在香港寻找党的组织。这支队伍内部定名为"中华人民抗日救国义勇军南下先遣团"，李若兰和余长钺等38人为先遣团团员，于8月下旬乘船先到香港，计划由港再赴广东。

"两广事件"很快平息，余长钺等人在香港与中共南方临时工委联系上，余长钺还写信约黄孝敏也到香港。10月，黄孝敏抵达香港向中共南方临时工委汇报了闽中革命斗争情况。至此，与上级组织中断两年多的闽中党组织又接上了关系。

1936年冬天，余长钺受中共南方临时工委派遣回闽工作。据《中共福建地方史》记载：余长钺、吴源生、黄尔尊、陈珊梅、孙克骥5人"先后返回福州，并于同年11月成立福州工委。""中共福州工委成立后，便迅速派人去寻找闽中、闽东和闽北的党组织和红军游击队，以图恢复与各地的联系与配合，后仅与中共闽中特委取得了联系。"据《福州革命史》介绍，余长钺等人回到福州后，"建立中共福州工委，负责人为黄尔尊、余长钺和吴源生。余长钺又回闽中，与闽中特委接上关系。"

李若兰奉中共南方临时工委派遣赴厦门工作。分别时他俩心里都清楚，在腥风血雨中的告别，很可能就是生离死别，彼此都没说再见。

1936年11月，余长钺与黄孝敏一起自香港返回闽中，给特委带来了红军三大主力胜利会师的喜讯以及中共中央向党内发出的关于逼蒋抗日问题的指示。12月，时任中共闽中特委委员的余长钺回到福清，建立了抗日救国会，担任福清工作委员并兼任书记，陈炳奎任秘书，陈依桂任组织部部长，薛文魁（薛宝泉）任宣传部部长，王其爆任军事部部长。

| 叛徒出卖被捕，19岁从容就义

回到福清两个多月后，余长钺因叛徒出卖被捕。被捕四个多月后，从容就义，年仅19岁。

《福清革命史》对此有记载：1937年2月16日，中共闽中特委决定在莆田县城郊老基点村四亭开会，研究"西安事变"和平解决以来，党中央的一系列指示精神。王于洁事前叫特委交通员薛宝泉去福清带黄孝敏、余长钺到莆田开会。不料，薛宝泉已被国民党特务机关收买叛变，特意先把黄、余二人带到梧塘镇洪度村自己家里住下，然后向王于洁建议把开会地点更改在他家中。当晚，王于洁、黄孝敏、潘涛、余长钺被带到薛宝泉妻弟家投宿，结果被埋伏的宪兵抓捕。接着，叛徒又带国民党便衣到福清诱捕了特委委员、福清县委书记陈炳奎。5位闽中党组织的杰出领导人，被关押在福州宪兵团部监狱里。

在狱中，5位领导人表现得无比坚强。他们不为高官厚禄所动心，不为严刑拷打所屈服，始终大义凛然，坚贞不屈。叛徒魏耿到狱中劝降时，未开口即被痛打一顿。他们把生死置之度外，常高唱《国际歌》《义勇军进行曲》。反动派对他们无可奈何，于全面抗战爆发前夕，在福州西门外鸡角弄刑场把他们杀害了。就义那天，他们从容地走出牢房，敌人用5辆人力车将他们解赴刑场，他们沿途不断高呼革命口号，浩气如虹，直冲霄汉。

那一天是1937年6月23日，余长钺还不到19岁。

余长钺烈士纪念碑

▌余家寻儿媳，老战友二十多年未忘重托

余长钺牺牲了，但余家人没有忘记他那位美丽的妻子。新中国成立后，余长钺在老家的三姐余惠忠将弟弟寄回来的那张订婚照翻拍、洗印了数十张，送给每一位在外地工作的福清籍老干部，请求帮助寻找李若兰，

余家人想寻回这个儿媳妇，好好疼爱。

余长钺当年的战友从没有忘记烈士亲人的嘱托。曾经与余长钺在福建和上海并肩战斗过的福清老乡马飞海就是其中的一位。马飞海（1916~2013），1936年参加革命，1939年6月在上海国立暨南大学数理系读书时加入中国共产党，曾任中共暨南大学党支部委员。1947年下半年任中共上海市委委员兼学委书记，后兼任中共沪南区委书记。上海解放后，曾任中共上海市委副秘书长、上海出版局局长、中共上海市委宣传部副部长、中共上海市委党史资料征集委员会副主任。

1986年5月8日，中华人民抗日救国义勇军史料征集座谈会在上海召开，嘉宾报到时，时任上海市委党史资料征集委员会副主任的马飞海，在出席会议名单上看见李青彬的名字后面特别标出"又名李若兰"。马飞海立即想起了余长钺，想起了余长钺姐姐的重托。他走到李若兰面前说："你不像当年照片上的李若兰。"李若兰听后觉得奇怪，问："你有我当年的照片？"马飞海说："当然有。"他从皮包里拿出一张四寸大的双人照给李若兰看，李若兰一看，顿时泪如泉涌，哽咽着说："这是小余呀，他眼下在哪里？"当马飞海告诉她余长钺已牺牲49年了，她顿时怔住了，只有泪水不断涌出，哆嗦着说："怪不得，他一直没有再找过我。"

李若兰问："你怎么会有这张照片？"

马飞海反问："你还记得长钺同志有个姐姐叫余惠忠吗？"

李若兰点点头，说："我记得呀，她是小余的三姐，当时我还让小余把我亲手织的一件红毛衣寄给他三姐。"

马飞海将余惠忠在弟弟牺牲后找了李若兰快半个世纪的故事，原原本本说出，听得李若兰止不住再次痛哭起来。

她想起了香港，那是孙大光介绍她加入中国共产党的地方，也是她与余长钺分手的地方。当时，中共南方临时工委让中华人民抗日救国义勇军南下先遣团中祖籍南方的同志回南方工作。余长钺回福州，李若兰则到了厦门，到中国妇女慰劳前方将士总会厦门分会工作并迅速成为骨干，还参加了慰劳工作团，接受中共厦门工委的领导，住在厦门中山路中段的一个小巷子里。李若兰还记得那地方叫"草埔埔三号"。1938年5月10日，厦门沦陷，李若兰与党组织失去了联系，急赴香港寻找中共南方临时工委。此时中共南方临时工委机关已经搬迁，新址李若兰又打听不到，只好暂时隐蔽在香港难童学校，一边教书，一边寻找党组织。

李若兰赴福清，凭吊订婚照上的恋人

新中国成立后，李若兰回汕头老家教书。因为在厦门、香港与组织失去联系，加上她后来结婚的丈夫是我党打入国民党军政部的上校军官，因此在"极左"年代两人都曾长期蒙冤，丈夫入狱，她则被划为"右派"，送到农场劳动。1979年李若兰平反，1984年她丈夫平反。在艰难的岁月里，与余长钺纯真美好的感情，也是支撑着她战胜困难的力量。正是在1986年那次座谈会之后，李若兰决定去福清凭吊当年的挚友、曾经名义上的未婚夫。

或许是亲人之间有感应。1986年5月16日，李若兰在众多来迎接她的福清余家亲友中，一眼就认出了从未谋面的余惠忠，她扑上前去，哭着喊道："三姐我来了。"陪她一起来的是她的儿子，她把儿子拉到余惠忠面前，说："我的儿子和新中国千千万万的后来人都是小余的后代。"余惠忠很感动，她说："有你这句话，我弟弟可以瞑目了。"李若兰的儿子也上前亲热地叫余惠忠"姑妈"。那一天，福清的领导来了，全村的乡亲都来了，他们没有把李若兰母子当成客人，而是当成了自家人。

李若兰清楚，因为当年曾和余长钺有过那么一张"订婚照"，所以福清人认她是亲人。

郑笑妹：在"刀尖"上行走的革命战士

郑笑妹又称"吓姆嫂"，1906年出生于福清阳下西郑村一个贫苦农民家庭，她1932年参加革命，1934年加入中国共产党，长期担任地下党交通

员，出色完成组织交给她的任务。她4次被捕3次坐牢，受尽酷刑，百折不挠，为人民解放事业作出了重大的贡献。

|出身贫苦投身农运

由于家境贫困，郑笑妹自幼参加劳动受尽磨炼，16岁就嫁到音西龙溪村埕底下的一个贫农家庭。埕底下位于福清北部，是一个四面环山的穷山村，30多户人家多数是贫苦农民。在旧社会，苛捐杂税多如牛毛，兵灾匪祸侵扰无已，加上血吸虫病严重蔓延，山村农民面临破产，有的流落异乡，有的被血吸虫病吞噬！郑笑妹的遭遇也很悲惨，她的丈夫在贫病中死去。为了养活婆婆和一男一女，她招曾吓姆为赘婿，夫妻俩终年辛勤劳动，却始终解决不了温饱问题，依然过着半年糠菜半年杂粮的贫穷生活，最后连祖遗的4亩田也典当给了地主。他们在绝境中挣扎，旧社会的剥削和压迫在他们心中留下仇恨的烙印。

1932年冬，福清地下党特别支部书记何文成到龙溪进行反帝反封建宣传，和曾吓姆一家来往密切，对他们的苦难境遇十分同情，对曾吓姆夫妇忠厚朴实、刚毅勇为的品德极为欣赏。经过启发和帮助，曾吓姆、郑笑妹夫妇认识到国民党的反动统治、封建地主的残酷剥削是农民苦难的根源，只有起来革命，推翻反动政权，农民才有出头的日子，随即参加革命，全身心地投入革命工作。郑笑妹耐心向周围的贫苦农民传播革命理念，在她的宣传下，10多位贫苦农民加入农民革命运动，昔日死气沉沉的穷山村出现了新生气。1933年初春，特支领导何文成、余长钺又多次到龙溪开展农民运动，组织秘密农会。郑笑妹、曾吓姆遵照特支指示，带动全村贫苦农民开展抗租、抗税斗争。龙溪村成了地下党的重要据点。

1934年春，十九路军"福建事变"失败后，蒋介石在福建强化反动统治，疯狂抓捕杀害共产党员和革命群众，白色恐怖波及福清大地。这时，县委委员余长钺、陈炳奎转移到龙溪村，白天隐蔽在山上密林里，晚上出来活动。郑笑妹及其小叔曾春妹白天装作上山砍柴，秘密送饭送情报，晚上掩护他们开展革命活动。4月中旬，县委书记何文成来到龙溪，看到这里农民运动发展迅速，对曾吓姆、郑笑妹、曾春妹的工作十分满意，便与余长钺一起，介绍曾吓姆、郑笑妹夫妇加入中国共产党。

| 开辟福清"红色地下交通站"

入党后，郑笑妹牢记自己的入党誓言，把党的事业作为最大事业，赤胆忠心投入革命工作。1934年初夏，党组织决定让她担任福清县委交通员，她毫不犹豫地接受了。这时，福清农民运动逐步发展，党组织计划在新人店建立党的秘密交通站。

老交通员 郑笑妹

新人店位于福清北区腹地，离县城6公里，古代驿道南北贯穿而过，从这里北越石湖岭达长乐、福州，南接县城通龙田、高山，东逾石井岭通海口、松下、平潭，西出镜洋、东张、一都、抵永泰、莆仙，西北连闽侯达省城。此地是非常重要的交通要冲，只有两三家小店铺供过往行旅歇脚，样子很不景气，也不显眼。在这里设立秘密交通站是再理想不过的。县委决定把这个任务交给曾吓姆、郑笑妹夫妇，要他们全家迁居新人店，规定了交通站的任务：递送党的秘密文件，掩护革命同志；秘密发动群众，扩展革命队伍；了解敌情，监视过往敌军的行踪等。他们无条件服从党的安排，到新人店租下两间店屋，添置了简单的设备后，便举家迁往新人店，以开设茶店为名，建立了秘密交通站。经过艰苦奋斗，她在新人店地区发展了吴贤贵、蔡书朝、林宗流等5位农民参加革命活动，壮大了革命力量。

接送、掩护地下党领导是交通站的经常性工作。中共福建省委书记曾镜冰、委员苏华等同志都到过新人店交通站，闽中特委和县委领导更是经常出入新人店。特委领导人黄孝敏、刘突军、杨采衡、吴德标、黄国璋等同志来的次数更多，他们或隐蔽两三天，或休憩过夜。每当领导同志来，郑笑妹都采取周密的安全措施，叫丈夫曾吓姆和儿子曾焕章站岗放哨，离开时亲自护送。

1942年8月的一天，特委派郭永星通知郑笑妹：今夜有重要护送任务，要求从北区的漈头村至龙溪村这段10公里的路程要绝对保证安全。郑笑妹母子俩立即侦察路线，采取严密的防范措施。至子夜时，来了十几位同志，他们是闽中特委电台组的人员，从长乐紧急转移到莆永边。郑笑妹母子顺利完成了这个艰巨的护送任务。

1944年初夏，郭永星又来交通站，说是奉命接送领导同志。第二天来了一个穿长衫戴高帽和一个穿便衣的人。戴高帽的主动向曾焕章接对暗语，曾焕章一见心里紧张起来，赶紧转进里屋对母亲说："不好了，来的不是领导，而是国民党长乐县长和探子！"因为曾焕章有一次去长乐送情报，见过这个威风凛凛的县长。曾焕章指着还在床上蒙头酣睡的郭永星对母亲说："这家伙叛变了，我们今天反正都是死。先宰了他！"母亲说："不可鲁莽，郭永星不是那种人，先问个明白再作道理。"母子俩叫醒郭永星，追问他究竟接的是什么人，郭永星说："接地下党秘密党员、长乐县县长，那戴高帽的就是，那个穿便衣的是闽中特委委员康金树。"母子俩转忧为喜，把两位领导安置在开明士绅家里过夜。第二天晚上。郑笑妹偕同郭永星护送他们去目的地，至第三天夜晚，她才拖着疲惫的身躯回到家里。像这样紧张的护送任务，连自己也数不清执行了多少次。有时连续几天在崎岖的深山密林里穿行，连脚踝都肿胀了，她还是咬紧牙关，顽强地坚持着……

同年8月，省委书记曾镜冰由闽北带省委机关秘密迁至闽中，先到永泰，继移福清，再到长乐。郑笑妹母子参加这次省委机关转移的掩护工作，顺利地完成了从龙溪村经新人店到漈头村这段10公里路程的护送工作，保证了省委机关的安全。

新人店交通站在长达15年的秘密活动中，郑笑妹一家人，不知道掩护过多少领导和战士，完成了数不清的情报传递和护送任务，从来没出过一点差错，真可谓是万无一失了。

▎为革命后勤勇挑重担

1934年6月下旬，福清县委在南西亭举行农民暴动。郑笑妹遵照县委指示，在龙溪和附近的古路村组织10余名农会成员开赴南西亭参加暴动。3天后，国民党出动大批保安队疯狂进行镇压，暴动队伍迅速转移，分散撤回原地隐蔽。几天后，何文成、余长钺、陈炳奎、何胥陶等县委领导人来到龙溪，总结了南西亭暴动的经验教训，决定在北西亭进行更大规模的武装暴动。他们把暴动的后勤工作交给曾吓姆、郑笑妹夫妇负责。郑笑妹按照县委要求，迅速发动10多个农会会员加工粮食，做好暴动队伍的伙食准备。大约在7月中旬，各地参加暴动的队伍按预定的时间到达龙溪埕底下村，其中有从闽侯、长乐、永泰、莆田等地来的赤卫队骨干。那天晚上，200多位赤卫队队员和革命群众，在龙溪坝头底清泉寺集合，准备开赴北西亭暴动。出发前突然接到情报，说北西亭的反动民团戒备森严。县委认为既然敌人有所防备，就不宜在北西亭举行暴动。遂决定在龙溪举行游行示威。游行结束后，赤卫队骨干返回原驻地隐蔽，革命群众就地疏散回家。这次暴动虽然因敌情变化没能按预定计划进行，但却在福清北区点燃了武装斗争之火。

龙溪游行集会的第二天，何文成、何胥陶、曾春妹等三位同志从埕底下前往长乐开展工作，路经石湖岭山麓时，被反动民团陈万青部抓捕。郑笑妹立即把这一情况向余长钺、陈金来、陈炳奎等领导报告，县委决定先派人到县城探狱摸清敌情，再确定营救对策。郑笑妹主动请求把探狱的任务交给她，曾春妹是她的小叔，她以亲属关系前去探狱，名正言顺，不致引起敌人怀疑。县委认为郑笑妹的想法是可取的，而且她胆大心细，办事稳重，就把探狱任务交给她。果然，狱警听了她的说明之后，丝毫没有怀疑。她顺利进狱探望三位同志，了解情况，并告知县委正在设法营救他们。后来她又两次探狱并巧妙地把县委营救计划传告何文成。何文成便在狱中秘密组织难友越狱。不幸越狱时被狱警发觉，难友何约翰中弹牺牲，越狱未果。敌人惊恐，即把何文成等转移省监狱囚禁。不久，何文成在福州壮烈就义。

1936年2月底，闽中游击支队打完河村桥伏击战后，国民党福建省政府出动3000多军警对罗汉里游击根据地进行"清剿"。反"清剿"斗争最艰难困苦的4月份，原连江县党的武装西南团团长、罗汉里游击队领导杨采衡带领一个小分队突围来到龙溪村，小分队分散隐蔽，留下2把花机枪、8支步枪、8支手枪、数千发子弹交由曾吓姆夫妇保藏。曾吓姆、郑笑妹像保护生命一样保护好党交给他们的这批武器。开头他们把武器藏放在埕底下村，后考虑到龙溪是党的据点，敌人必定会来"清剿"，于是，夫妇俩用六七个夜晚把武器转移到新人店，掩藏在店后山坡的柴堆里。可郑笑妹还是担心新人店来往的人多不安全，很快又把武器转移到西郑村她的娘家和新局村一个地下党同志家里。不久，县委通知把武器转移东区，郑笑妹、曾吓姆又秘密配合县委书记陈金来等同志把武器运到东区。抗日战争初期这批武器又回到游击队手里。

母子同心抗日写传奇

抗日战争爆发后，郑笑妹继续坚持在交通站工作，积极投入抗日救亡斗争，做了大量的工作。不幸的是，丈夫曾吓姆于1941年年初因劳碌过度而病故。从此，交通站的工作和一家五口人的生活重担全都压在她肩上，其艰难情况可想而知，还好她的儿子曾焕章逐渐成长了。1941年初夏，上级领导考虑到交通站工作的需要和曾焕章的表现，让其正式担任交通员。从此，母子俩同心协力，兢兢业业完成党交给他们的任务。

1944年11月26日，福清第二次沦陷后，占据县城的日军四处劫掠。一天，一小队日军扛着膏药旗向北区新局村方向窜来。附近百姓纷纷逃难。当时，郑笑妹和儿子曾焕章都在溪东村，眼看日军来犯，义愤填膺，母子俩一起发动群众起来抗击侵略者。她向群众呼吁："有骨气的男子汉站出来，打日本鬼子去，莫作亡国奴！"溪东村一群热血青年纷纷响应。林礼乾、林细犬、林金城、林礼魁等10多位青年来到郑笑妹身边，个个摩拳擦掌，要和日本鬼子拼个你死我活。他们很快向有钱的人家借出9支防匪用的步枪。于是，一支临时凑集的抗日队伍组成了，他们迅速埋伏在溪东河背后的坡地上。这时，日军从河对岸大摇大摆而来。"打！"霎时间愤怒的子弹射击敌群。敌人被这突如其来的袭击打懵了，以为遇上共产党游击队，仓皇伏地乱成一团，只是胡乱猛烈地开枪，不敢向前迈进一步。双方就这样隔河对射，持续了一个多小时。敌人不敢久战，狼狈撤回县城。这一战（后人称之为"新局阻击战"）使附近几个村庄的群众免遭日军的蹂躏，这一战打出了北区人民的抗日威风，盘踞在县城的日军再不敢到北区骚扰。

| 4次被捕3次坐牢不改党员气节

郑笑妹在长期的革命生涯中，经受了严峻的考验，她4次被抓，3次坐牢，仍坚贞不屈，表现了共产党人的崇高气节。

1944年春，国民党顽固派福长平三县指挥官许国钧带领军警坐镇东张抓捕地下党人。3月初，郑笑妹奉命到一都后溪执行任务，当她返回路经东张时，被许国钧的暗探抓捕入牢。当时正值游击队奇袭涵江银行之后，敌人想从她口中找到追捕游击队线索，对她进行严刑逼供。郑笑妹顽强斗争，敌人查不出证据，关押3个多月才放了她。

1946年2月上旬，黄国璋、林汝南、叶良运等人带闽中游击队在莆田江口地区截击国民党运送钞票队伍，缴获钞票3875万元。事后，省保安团"围剿"金芝、龙溪等地下党据点，在龙溪墓亭楼抓了沈祖宽后，又抓捕了郑笑妹。在阴森恐怖的牢中，郑笑妹被打得遍体鳞伤，还受了电刑，昏死过几次。面对酷刑，她宁死不屈，顽强斗争，始终没有半句口供。敌人对她无可奈何，又不甘心罢休，把她关押了8个月，经县委营救才释放出狱。

1947年，龙高暴动失利后，国民党强化在福清的反动统治，到处抓捕共产党人、游击队员，许多同志被杀害，白色恐怖笼罩全县。郑笑妹的儿子曾焕章被捕入狱。郑笑妹不顾安危前往探狱，曾焕章受到极大鼓舞，顽强与敌人斗争。他联合难友叶修瑞、胡招雄等，发动绝食斗争，迫使敌人答应不再克扣犯人伙食、菜金，准其放风并改善监狱的卫生条件。郑笑妹和同志们积极进行营救，花了一笔钱买通县政府官吏。敌人抓不到证据，遂顺水推舟，释放了曾焕章。儿子刚刚出狱，郑笑妹又身陷囹圄，第三次被捕，在黑牢里熬过了2个多月，敌用尽酷刑，仍毫无所获。郑笑妹又一次经受住严峻考验，获释出狱。

▍18年坚守终盼来革命胜利

1948年夏，随着人民解放战争的节节胜利，闽中地区的游击战争迅猛发展，福清革命从低潮走向高潮。这时，郑笑妹一家人全都投入推翻国民党反动政权的伟大斗争：儿子曾焕章任北区区委委员；年仅15岁的女儿曾思平先任县委交通员，后随县委书记俞洪庆到大洋根据地，担任闽中游击纵队司令部交通员；郑笑妹仍然任交通员，并积极参加反霸、减租、缴枪、反"三征"斗争。她配合县委武工队向地主、豪绅收缴武器弹药。当时，一些土匪、特务假借共产党名义浑水摸鱼，收缴枪支。一些有枪支的地主、乡绅真假难分，左右为难，十分害怕。而这时的郑笑妹是北区家喻户晓的共产党员，只要她出面，那些有顾虑的枪主就会顺从地交出枪支。解放前夕，北区地主富豪的枪支大部分都缴交给地下党游击队。

1949年8月16日，福清游击队配合中国人民解放军攻克福清县城，郑笑妹终于迎来了福清的解放，迎来了革命的胜利。

1950年，她被选为福建省劳动模范。在全省第一届英模代表大会上应邀作了题为《坚持革命18年》的报告。她面容慈祥，额头微皱，眼角的皱纹显示着她饱经沧桑的光荣经历。

代表们听到她在报告结尾的一句响铮铮的心声："我一生只牢记党教我

的一句话：在应当交出生命的时候，就把一切交出来！"这句话正是郑笑妹一生的写照！

长期艰苦紧张的革命斗争，过度的劳累，使郑笑妹心力交瘁。1951年5月，这位忠诚的革命战士、党的好女儿，终因积劳成疾，溘然长逝，终年46岁。

陈草兰：东漈寺末位僧人的红色传奇

千年古刹东漈寺至今已历1200多个春秋，其间历经无数次风雨剥蚀和修复，幸能存世至今。其因山清水秀闻名遐迩，且以祈梦和祈雨二事深受老百姓信仰。

东漈寺于1938~1949年曾秘密作为地下党游击队联络点指挥所，在福清北区龙王坑东漈寺仙君楼地下室曾留下当年革命老前辈的足迹。其中有陈亨源、林汝楠、俞洪庆、曾焕章、何文成、陈炳奎、余长钺、陈金来、陈振芳、陈亦桂、池亦妹仔、池金銮、何可春、陈正顺、陈振先、陈水仙、谢弟弟、沈祖澄、郑长奇、黄国璋、饶云山、粘文华、许集美、林元照、陈振亮、陈振标、沈祖夏等同志。

东漈寺之所以能如此持久有力地保护和支持革命活动，这不单与其幽僻的地理环境有关，还与僧人陈草兰对革命的理解和支持息息相关。

陈草兰（1901~1968），祖籍长乐东渡，原职业为木匠，年轻时在福清各村打工，每逢赚到一些工钱就拿回长乐养家。当时自福清回长乐老家要翻越石湖岭，几次都被土匪抢劫。后经北西亭乡长陈振柯批准同意，陈草兰一家三代5口移居北西亭乡，当地划拨三坝洋（土名"枧底"）一片田地给陈草兰耕种，用以维持其家人生计。从民国二十三年（1934）一直到1962年"四清"开始为止的近30年间，陈草兰常驻龙王坑仙君楼护寺，管理香火，负责为祈梦者解梦，为抽签者解签。

陈草兰多次掩护地下党，第一次掩护地下党是在民国三十三年（1944）11月。陈亨源、林汝楠、俞洪庆、曾焕章带领地下党游击队人员114人，在龙王坑进行秘密活动，后来被举报，目标暴露。夜半时分，陈草兰派长子陈南官连夜带领游击队人员火速撤往山顶，途经梨庄村天山洞，再撤至五龙、南厝一带，让游击队安全撤离。

但国民党马国藩保安队接踵而来，重兵包围了东漈寺。对龙王坑、东漈寺进行全面搜查，未搜出游击队人员，就拿陈草兰是问。陈草兰被抓去审问，先关押在上街村林昌行家，后押到福清县城，关押47天。逼供时用上各种刑罚，诸如用开水灌鼻孔，陈草兰临刑不屈，始终没有说出游击队员的行踪。关押期间，受刑无数，陪毙9次，他依然无所畏惧。最后在陈学球、陈振柯的担保下，才获释回到东漈寺。

在陈草兰被关押期间，东漈寺接头工作由陈草兰长子陈南官接替，依然与地下党游击队保持着畅通的联系。

作为接头户户主的陈草兰一直进行与长乐、福清、平潭三地的秘密通讯传输和人员接待工作。

在一次传送情报途中，陈草兰长子陈南官与漈头村地带仔（小名）一起送情报给游击队，在山路中突遇国民党探子搜身，地带仔身上情报被搜出，而陈南官将情报字条缝合在衣摆中，没被搜去，安全送达目的地。

陈草兰及其家人经常送信到云际村人山和南岭西溪一带。每当各地同志路过东漈寺，陈草兰一家都要接应，不论何时。有时要送饭给身在野外执行任务的同志，一二人也罢，三五人也罢，接待不误。陈草兰一家7口也会遇到困难，最困难的时候连条椅都卖掉了，但他还是尽心尽责勇担此任。

陈草兰爱护革命同志。1947年，一位年仅18岁、祖籍莆田的同志被误判为汉奸，该青年为证明自己清白，纵身跳入龙王坑一缸潭，围观者都认为一去无返施救无门，因为相传一缸潭潭水直通海口桥，潭中不见人，怕是早已流走，围观者陆续离去。陈草兰善心涌动，潜入深潭，救起莆田这位想溺水自尽的同志。

被救起的这位同志之后去台湾定居，没有忘记当年救命恩人，2004年嘱托其在厦门办厂的孙子带上当年草兰送给他的亲笔签名的相片，寻到福清上亭村答谢恩人，此时僧人已逝，草兰后人接待了他。

陈草兰生前待人温和友善，他身材高大，平时留着清代长发，梳成发髻，盘在头顶，说起话来慢条斯理，颇具亲和力。

陈草兰后人珍藏的《红旗不倒》一书，其中一页记载：

姓名　陈草兰

村别　上亭

入伍时间　解放战争

原革命组织及职务　接头户

解放后情况　农民五老

这几行文字浓缩了东漈寺最后一名僧人陈草兰的一生。

刘天仇：黄埔军校高材生的家国情怀

福建省档案馆馆藏《中央陆军军官第十期同学录》记载："刘天仇，字铁酬。福建省福清县北区阳霞乡人。黄埔军校第十期第一总队骑兵队毕业。"

天仇，原名大璋。为人忠直豪爽，爱国爱乡，重亲情友情，终生不渝。他在少年时，按家乡习俗，往南洋（印度尼西亚）经商。因感日军侵华，国民水深火热，毅然弃商回国。他在苏州成烈体专毕业之后，即投笔从戎，考入黄埔军校，三年毕业，以优异成绩，选调入宪兵部队，驻扎南京。1937年，七七事变，日寇悍然全面侵犯我国，全国军民奋起抗日。在南京保卫战中，他曾率部在南京水西门城头守卫巡逻，在牛首山一带与敌血战，尽忠报国。之后，随大军转移，辗转湘水巴山，升任宪兵营长。1945年8月，日本战败，日本天皇签字投降。1946年，他奉命率部飞抵上海，参与接收。后调任宪兵司令部宪兵学校副大队长之职。

骑兵队：79人，校正及补注6处

史振铨(吉林农安)	李柏年(辽宁开原)	徐博勋(甘肃酒泉)	
姜仁之(山东黄县)			
白桂烜(河南方城)	厉念祖(福建闽侯)	王清海(山东临清)	
鲍豁(河北天津)			
凌光欧(贵州贵定)	王德和(河北高阳)	宗炎(辽宁盖平)	陈咏风(浙江义乌)
巩葆贞(甘肃甘谷)	柳嘉齐(河北高阳)	李清海(河北束鹿)	
李仲武(河北良乡)			
李中源(广东番禺)	萧敏颂(湖南新化)	雷勉为(江西九江)	
张若定(四川合川)			
李杰(山东曲阜)	张片帆(福建南安)	刘天仇(福建福清)	汪裕(江苏泰兴)
葛群育(贵州毕节)	翁奇珠(浙江玉环)	杨庆龢(河北北平)	
吴世英(山西天镇)			
刘奚(江苏徐州)	孟海镇(辽宁)	米万锡(河北天津)	綦家荣(山东利津)

1948年，蒋家政权风雨飘摇，朝不保夕。8月某日，他和奉命造访的亲弟关门密谈，最后，他饱含泪水，对弟弟言道："要我叛变校长，于心不忍，但从国家前途考虑，你我同胞，血肉相连，我离开宪兵队就是了。"随后，即退职，前往印尼经商。

1991年，受家乡政府邀请，刘天仇以爱国人士名义回国观光，受到乡亲和省、市两级政府的欢迎与接待。

2000年8月13日，刘天仇于印尼雅加达市寿终正寝，享年93岁。闻讯前来送别的华人乡亲以百千计。鲜花满堂，挽联成排。其弟大璇、大瑚挽联曰："吾兄投军校、为民族、立誓抗日，改名天仇；阿哥往南洋，思故乡，不忘亲情，鸿信泪涟。"

上海马飞海（原中共上海市委委员）挽联曰："铁肩担道义，热血荐轩辕。"

印尼马思铃（原国民党政府立法委员）挽联曰："将星陨坠。"

刘天仇一生除为国效劳外，也热爱桑梓，为家乡的教育事业作出不小贡献。如他发起创办了阳霞乡小学，解决本乡子弟上学问题。他又和本县知名人士王文杰、吴启瑶、陈云官、俞慎初等人组织了"同攻读书会"、创办《原野》刊物，宣传抗日救国主张，还创办了"文光中学"，培育英才。

他待人热忱，待友胜过待己。他有一同乡同窗好友，中共党员，当他闻知当局将对其有不利举动时，他不顾自己身份，不计个人安危，千方百计，设法护送他出境，奔赴延安，后来成为著名哲学家。直到晚年，两人还常有书信往来，成为佳话。

刘天仇，父刘明泰，母陈氏，二妹元宋、水宋，二弟大璇、大瑚。妻俞秋鸿，长女雪霞，婿詹贤沃。次女多巧，婿董思国。子启智，媳林辉玉。

他生而为国，死而有后，子启智从事实业，在雅加达市场上有"小鸡王"之称。

马飞海：党龄70余年的老同志

马飞海是阳下街道马家底村人，他的人生历程，用波澜壮阔来形容毫不为过：风华正茂时，马飞海立志成为一名为解放全人类而奋斗的无产阶级战士，先是投身抗日救亡运动，之后又加入中国共产党，为中国的解放事业做出了贡献。新中国成立后，他又在文教、宣传岗位上兢兢业业，忘我工作。离休后，已年过古稀的马飞海，依然以"十年磨一剑"的精神呕心沥血，策划、编撰了《中国历代货币大系》丛书，填补了我国现代钱币学上的空白。

谈起自己的经历，当年93岁高龄的马飞海显得十分低调和谦虚："我一生也没做什么事，没什么可写的。如果说，我的一生做了点事的话，那是因为，凭着信仰做事就不觉得付出很苦。"

作为一名有着超70年党龄的共产主义战士，马飞海的一生坚守着自己的信仰，践行着自己入党时的誓言。

抗日救国，不惧生死

作为印尼华侨子弟，马飞海14岁在福州上中学时就受到革命影响。1936年，20岁的马飞海来到上海，就读于当时华侨界最高学府——暨南大学。在校学习期间，马飞海目睹了帝国主义的侵略和国民党的腐败，树立了远大的共产主义理想，并积极投身到学生抗日救国运动中。"八一三"事变后，马飞海回到福建协和大学继续学习，在此期间，他因从事革命活动险遭国民党逮捕，这也使年轻的马飞海对国民党的行径深恶痛绝，并深切意识到，只有中国共产党才能救中国。1938年，马飞海回到上海暨南大学继续求学。在此期间，他由陈伟达（解放后曾任浙江省委书记、中央政法委书记）介绍，由周一萍（原国防科工委副主任）发展入党，由一个进步青年成长为立志为解放全人类而奋斗的无产阶级战士。

入党后，马飞海在上海从事了长达6年的地下斗争。为了更好地开展地下革命工作，马飞海在上海市储能中学以中学教员的身份作掩护。他回忆说："当时，为了开展地下工作，我把教的课一律安排在上午，下午和晚上抓紧时间改作业，腾出时间跑关系，开展地下工作，一直没有暴露。"在教书的同时，马飞海一直从事调查研究工作，从大量的报纸上收集政治、经济资料，写综合报告给党组织。同时，他还翻译外国进步记者发表的一些关于我党、我军主张和战斗情况的文章，并在进步报刊上发表了有关国际政治形势和讽刺国民党反动当局的杂文等，号召所有进步青年起来投身到救国运动中来。

1945年8月，马飞海被任命为上海地下党教师工作委员会委员、书记，1948年春，增补为中共上海市委委员。在上海解放前夕，敌我斗争空前激烈，在极端困难的条件下，地下党员时时、事事、处处把安危系于一发，而此时的马飞海早已将自己的生死置之度外，他履行着入党时的誓言："不怕困难，不怕牺牲，为共产主义事业奋斗到底。"对他而言，信仰是一种沉积在心底的最坚定的声音，可以为之生，可以为之死！

恪尽职守，忘我投入

74年前，上海经历了一场翻天覆地的历史变革，人民解放军浴血奋战，只花了16天时间，就解放了上海市。在迎接上海解放的过程中，上海地下党组织和上海工人、学生团结奋斗，为了迎接解放和配合接管，进行了大量周密的准备工作。

就在上海解放前夕，为适应新形势的需要，党组织决定全市党组织系统由原来按产业划分改为按地区划分，设沪中、沪东、沪西、沪南、沪北、徐龙（徐汇、龙华）区委，由马飞海负责领导沪南、徐龙两区党和人民保安队。人民解放军进入上海后，与国民党残余势力进行了搏斗，马飞海目睹了战友的牺牲，他本人也数次险遭不测。回忆当年的情况，马飞海动情地说："是多少战士血洒战场，是多少条鲜活的生命换来了上海的解放。这个胜利是党中央的正确领导和解放军的英勇战斗以及全市人民的努力奋斗得到的！"

新中国成立后，马飞海被组织上安排担任中共上海市委党校副校长，专门负责干部培训工作，还带着干部和学员参加了全市的"镇反""三反""五反"等工作。马飞海回忆说，在新的战线上，自己收获很大，接受了教育，得到了很好的锻炼。之后，他历任上海市委办公厅副主任、市委副秘书长、市教育局副局长、市出版局党委书记兼局长、中共上海市委宣传部副部长等职。在新中国的教育、宣传战线上，马飞海兢兢业业，正派廉洁，恪尽职守，忘我地投入工作。儿女回忆说，在儿时的印象中，马飞海几十年来如一日，平时忙于工作，即使在家，见到最多的是他伏案疾书，直至深夜，很少顾家。"父亲对事业如此执着，完全是出于对共产主义事业的信仰及对党和人民的责任感。"这就是马飞海在女儿眼中的形象。

笃信笃行，创造奇迹

能在古稀之年以"十年磨一剑"的精神，完成一部12卷的皇皇巨著，填补我国钱币史的空白，这不能不说是一个奇迹。要创造这样一个奇迹，需要坚定信念，执着行动，靠的是强烈的事业心和责任感。

20世纪80年代初，马飞海从市委宣传部领导岗位上退居二线，聘任市委党史资料征集委员会副主任。除担任《辞海》编委会副主编外，他开始在心中酝酿一项浩大的工程。

由于受徐平羽（文化部原副部长）的影响，马飞海早在20世纪50年代初就爱上了古钱币收藏，之后上海市钱币学会成立，马飞海被推选为名誉会长。说到《中国历代货币大系》（下文简称《大系》）丛书，马飞海说："当时我的想法是，作为中国人，在中国古钱币方面的研究绝不能落在日本等国后面，由此提出编撰《中国历史货币大系》。"之后，他被推选为这套丛书的总主编，这一干就是20年。

出版这厚厚的12本大部头巨著，需要从浩如烟海的古籍文献和历史档案里收集资料、摘录要点、理出头绪，还要研究鉴别无数出土和传世的货币实物……这是何等浩大的工程，得花费多少心血啊！马飞海提出编撰《大系》，虽然这是个令中国钱币学者梦寐以求，且深受鼓舞的好主张，可在当时，编写工作是在无资金、无办公室、无工作班子、无资料室的"四无"困境中开始的。在《大系》的编撰过程中，马飞海既是统帅，又是勤务员。他这个总主编不是挂名的，而是事必躬亲。他既要从事编写、召集专家、策划选题、安排进度等工作，还要做一些如校对等琐碎的事务。最让人动容的是，马飞海直到90岁高龄时，仍然每天坚持审稿、校对，常常改稿到凌晨。正是这种榜样的带动，才使《大系》有了今天的成就。

1988年4月，《大系》第一卷《先秦货币》出版后引起了巨大的社会反响。该书内容特别丰富，光先秦钱币的图片就超过4000帧，这让当时世界上所有有关先秦货币的书籍都望尘莫及。随后，该书在日本钱币界引起轰动，马飞海也应邀去日本交流中国先秦货币研究成果，这也代表着我国对中国古钱币的研究水平全面超越了日本，终于可以在世界钱币舞台上扬眉吐气。

马飞海的老校友、《解放日报》资深记者郁群，关注马飞海与《大系》的出版已有十几年，他说："没有马老，就没有《大系》。马老主持《大系》的编写工作靠是一种精神，靠的是一种信念。《大系》能搞成，要给他记一大功！"

《大系》第八卷主编之一钱杰先生说："我追随马飞海先生搞《大系》长达8年之久，我首先被他的爱国热情所打动。一批老专家学者和他一起搞《大系》，我和一批中青年专家学者也追随他一起搞《大系》。《大系》的出版，完全靠一股爱国主义热情，它在出版事业上是一个奇迹！"

如今，在马飞海的主持下，这部空前的钱币学巨著已先后出版了9卷。马飞海的身体也不如从前硬朗，然而躺在病床上的他仍一心牵挂着《大系》最后几卷的编撰情况，他常常召集编写人员到病床前布置工作，他说："为信仰而工作，自己想做而去做就不觉得苦，而且板凳也能坐得住。"

马飞海的一生，蔚为壮观，他的所做、所为、所思、所想，让我们这辈人看到了一种境界：一种忠于信仰的境界，一种真正的共产党人的境界。我们应该看到，正是有了千万名像马飞海这样忠于信仰、无私奉献的共产党员，新中国才能取得今天的成就。"为信仰而工作就不觉得苦。"如今，马飞海的话犹在读者耳边回荡。

余长资：三度辞官的正义坚守

书香门第，家学渊源

余长资，字仰孙，1898年生于福清市北门外阳下村一个小康耕读之家。祖父讳德崇字仰山，系前清岁贡考选县丞。父讳孔源字少仰，系前清秀才，以塾师为业。长资自幼受家庭教育之熏陶，聪颖好学。1911年毕业于福清县官立两等小学堂后，随诸叔父耕作。1915年起，其6位叔父相继南渡荷属爪哇经商，频频得利，乃命长资进入福建省立第一师范

学校，5年孜孜不倦，刻苦攻读，成绩优异，精于国文，亦工书画。其文章笔锋犀利，辞令流畅，被选编入《全国中学生文库》者达数十篇。其书法苍劲挺拔，融北富户华侨建新屋者，多请其书写楹联。时阳下村新建施氏支祠，亦延其书写正楷之《朱柏庐先生治家格言》全篇，刻于屏门之上。北西亭村归侨张立基先生，曾收存其作画之折扇，视为珍品，不肯轻易示人，其文章书画名噪一时，可见一斑。时与城关郑毓和、后山顶村林绍樵、南宅村唐修德及东阁村陈绍禹齐名，被邑人并誉为福清"青年五文杰"。

▎才华初展，忾公提携

1920年，长资省立第一师范毕业后，先后任惠安县立中学教员及家乡阳霞初小首任校长。1925年其6位叔父又集资促其进入福建大学深造，嗣转私立福建法政专门学校法律系本科，1929年以名列前茅的成绩毕业，遂经辛亥革命元老郑公忾辰老伯推荐，充任南京最高法院书记官（书记员）。在宁任职期间，他与忾老过从甚密，恭聆教诲，获益匪浅。1930年初，邑人俞奋初东渡日本留学，便道谒忾老，在宁除长资外，还有陈东明、唐筠孟、郑毓彬、林诛唐等。忾公嘱长资通知诸友一起摄影，并写小序。长资请忾公斧正，公彻夜推敲。翌晨大家传诵，叹为奇文。

▎疾风劲草，高风亮节

1930年秋，长资应南京考试院法官训练所初试，以第26名被录取，至1932年，南京法官训练所第一届毕业，照章再试，名列全国第一。斯时吾邑芦华、嘉儒及洋边等村宗亲，咸以长资名列榜首，视同"状元及第"，欣喜莫名，奔走相告，相继盛情邀请其至祠竖匾，谒祖会亲置酒演戏，极一时之盛。遂由司法行政部先后委派江苏高等法院，上海第一、第二特区地方法院任候补推事（候补法官），旋转实缺推事，其间曾兼职持志学院法律系讲师。至1940年11月8日，法院被汪精卫伪政府接管，长资不甘事伪，逃离法租界。邑人嘉其志，福清《融报》（中华民国廿九年十一月廿八日第二版）曾以"倭接收沪法界两院，邑人余长资拒伪引退，愧煞无耻汉奸"为题，载文"邑北门余长资先生，习法律供职沪法租界高等法院，颇著政效，此次法方竟同意倭方要求，接收法界高俄两院（即江苏高等法院第三分院及上海第二特区地方法院），外交部除提抗议外，并令暂停职务。余长资不甘事伪做活傀儡，守住严正立场，不为胁，不为诱，从容办理手续，于最后同陈院长懋咸，洁身引退。一般在沪无耻汉奸，惟恐不能充任傀儡，视余长资君之洁退拒伪，不知作何感想"。斯时长资得以复调回上海第一特区地方法院。至1941年12月8日，太平洋战事爆发，该院又被汪伪接管，长资不甘变节，临危不惧，但被日伪监视，生活陷于困境，在诸旅沪同乡资助、掩护下，他佯称迁居小屋以节省房租，数易住所，避开日伪视线，其间藏匿于旅沪同乡郑某某家达月余之久，终于1942年11月，当机立断，化装商人，携眷潜回福清。

长资两度拒伪之民族气节，国民党法界上司慰勉有加，亦倍受郑公忾辰器重。回闽后自1943年1月至1946年12月，先后到福建高等法院闽清临时分庭、福州第四分院及福建高等法院任职。由于长资历年专司民事案件，复升高院民庭庭长。1947年1月，又擢任南京最高法院推事（简任官）。嗣鉴于国共政治协商会议之破裂，乃拒绝参与伪国大代表及立法委员之选举。旋即请领律师证书，准备转业，终于1948年11月，毅然辞官回乡。

回顾长资在国民党法界任要职达18年之久，断案明察秋毫，屡纠错案。他为官清正廉明，两袖清风，自奉俭朴，毕生未构一橼，未置片土。且当历史关节，"富贵不能淫，威武不能屈"，明智抉择，急流勇退，铮铮铁骨，殊为世人所钦佩。

|同情革命，营救长钺

长资之亲堂弟长钺，在福清私立明义中学念书时，就已参加中共地下活动，并在《同攻》会刊上刊登《血与泪》及《尼姑庵》等抨击反动统治之文章，引起国民党政府关注。1933年9月，芦华村青年余长桐，就读省垣某校，因传阅革命书籍被捕，供认该书借自长钺。新任福清伪县长甘某，奉命亲率大批警察及便衣队，包围明义中学，逮捕余长钺，并在其书箱内搜出革命传单及地下党领导人陈炳奎致长钺之密信。证据确凿，举家惶惶，而伪县长甘某则欣喜若狂，星夜解长钺到省保安处邀功请赏。亲属虽四处央人营救，然均束手无策。长资在沪闻讯，惊悸之余，即修书伪福建省保安处军法科，谓长钺年仅15岁，未届法定年龄，不得刑讯，亦不得科刑，否则法律责任应由贵科承担云云。当局慑于长资在法界之威望，弗敢轻举妄动，使长钺少受皮肉之苦。3个月后，蔡廷锴、蒋光鼐两将军率十九路军反蒋入闽，成立福建人民政府，释放政治犯，长钺得以安然脱险。

长钺出狱后，继续进行地下革命活动，1935年冬，为筹集革命经费，亦南渡荷属爪哇安褥埠。翌年初秋，其家人给大洋600元，作为头年学费，命其回沪求学。长钺抵沪，即到法租界金神父路明德村长资寓所。长资、振涛夫妇热情接待，为其设法进入上海中国医学院攻读中医。长钺将大部分钱物寄存长资处，借求学之名，在沪与地下党接上关系，秘密参与组织抗日救国义勇军。他常来长资处存取钱物及秘密材料，以长资寓所为"防空洞"，并向兄、嫂宣传共产主义道理。长资明知其行踪秘异，但感其志诚而坚，又时刻为长钺之安全担忧，乃告之曰："革命应如孙中山先生，先有高深学问，才能领导革命，汝何不去苏俄深造？"果然，数周后长钺复来长资处，取去所有寄存钱物，并称将秘密赴苏求学。1936年冬，长钺秘密回闽，任中共闽中特委委员，1937年2月16日在莆田参加闽中特委会议，被叛徒出卖。闽中特委领导几乎全部被捕，同年6月23日，在福州英勇就义。

海外赤子，爱国爱乡

福清解放初，长资曾任福清县立中学及文光中学教员，1950年作为知名开明人士，和郑忾辰先生一起，作为福清县人民政府特邀代表，参加福清县第三届各界人民代表会议。1951年，长资得其胞弟长材邀请南渡经商，由福清县第一区公所出具通行证，经福州市公安局审批，转换正式出国通行证，顺利到达印尼泗水市。乃弟长材手足情深，将惨淡经营20多年之所得，剖分相赠。兄弟之爱，誉满同侨。于是长资成为中联公司之股东，并兼任泗水玉融公会顾问，积极参与爱国社团活动。福清筹建华侨中学及侨联大厦时，长资、长材昆仲均积极捐献，并踊跃认购省华侨投资公司股票。1956年，阳下村干群倡议将公办之阳霞初小改为侨办之阳霞完小，需筹措大笔资金建筑校舍及充当办学经费。长资率先响应，慷慨解囊，从而推动乡侨集资建校，实现乡亲之愿望，因而长资被阳霞小学建校委员会聘请为海外副董事长（董事长系长资胞叔余孔英先生）。1957年4月28日，为其老母八秩寿辰，长资在印尼泗水市，长材则先期返国，同时分地举行祝寿，以表孝思。昆仲秉承慈训，将国内外诸亲友贺仪，悉数捐献与泗水市侨众中小学、福清华侨中学及阳霞小学为基金。1960年，国家遭受3年自然灾害，长资应福清县侨联主席高至荣之请，鼎力协助泗水玉融公会主席林国栋四出奔走，劝募化肥及包菜种，无偿赠送邑人生产自救。同时，长资在泗水市义务为同侨代办外汇到香港联大公司，购买面粉、花生油等，寄赠国内亲友，渡过难关。1965年，长资回国省亲，县领导及阳下大队均设宴款待，他还参加我省组织的"五一节"赴京观光团，对祖国建设成就极表欣慰，衷心拥护中国共产党之正确领导。1967年长资移居椰城，组建太平洋贸易公司。1971年7月，他病逝于雅加达医院，终年七十有四。长资晚年确实为繁荣居住地及父母之邦之经济、文化事业倾注了心血，并作出一定之贡献。

图书在版编目(CIP)数据

最福清乡土文化丛书.阳下卷/福清市文化体育和旅游局编著.—福州:海峡文艺出版社,2024.6
ISBN 978-7-5550-3697-5

Ⅰ.①最… Ⅱ.①福… Ⅲ.①乡镇—地方文化—介绍—福清 Ⅳ.①G127.575

中国国家版本馆CIP数据核字(2024)第096928号

最福清乡土文化丛书·阳下卷

福清市文化体育和旅游局编著

出 版 人	林　滨
责任编辑	余明建
出版发行	海峡文艺出版社
经　　销	福建新华发行(集团)有限责任公司
社　　址	福州市东水路76号14层
发 行 部	0591—87536797
印　　刷	福州报业鸿升印刷有限责任公司
厂　　址	福州市仓山区建新镇建新北路151号
开　　本	720毫米×1000毫米　1/16
字　　数	160千字
印　　张	11
版　　次	2024年6月第1版
印　　次	2024年6月第1次印刷
书　　号	ISBN 978-7-5550-3697-5
定　　价	66.00元

如发现印装质量问题,请寄承印厂调换